1942年 アメリカの心理戦と象徴天皇制

ラインバーガーとジョゼフ・グルー

佐瀬隆夫＝著

教育評論社

はじめに

本書はアメリカの象徴天皇利用政策の起源を、ラインバーガー文書（Paul M.A. Linebarger Papers: Papers prepared for Mr. J.C. Grew, Papers written during World War II）の検討から得られた知見をふまえ、対日心理作戦の一環として立案された「日本計画」（JAPAN PLAN）がもつ意義と、駐日大使・国務次官をつとめたジョゼフ・C・グルー（Joseph C. Grew, 1880-1965）の役割を――特に同文書の方針に従って、日本からの帰国後に行った講演旅行に注目して――再考することを目的とするものである。

私は京都学園大学教授（国際金融論、アメリカ経済論担当）定年退職後、シカゴ大学大学院修士課程・人文科学研究科に入学、リースブロート（Martin Riesebrodt, 1948-2014）教授（社会学）の指導で、修士論文“The Irresponsible Management among the Executives of the Japanese Corporation under the Cross Shareholding arrangement”（February 16, 2002）を提出、二〇〇二年六月、修士号を取得した。同論文は、三十三年間の銀行勤務、七年間の銀行取引先の監査役の業務経験をふまえて、日本の企業間の株式の持ち合いの現状を検討、その弊害を指摘し改善策を述べたものである。そこで特に指摘したのは、日本の大企業（含銀行）のトップは、しばしば「天皇」と呼ばれ、経営責任をとらず、責任をナンバー2に押し付けることである。私は、このような企業文化の起源に関心をもった。

二〇〇五年、拙書『覇権国アメリカの対日経済政策　日米関係1945－2005年』（千倉書房）を出版したが、そのなかで、マッカーサー（Douglas MacArthur, 1880-1964）元帥の秘書フェラーズ（Bonner Fellers, 1896-1973）准将が天皇の戦争責任免責工作を実行、極東国際軍事裁判（東京裁判）では日米合作による天皇の戦争免責工作が行われたこと、そして免責が前述したような企業文化にまで影響を及ぼしていることを論じた（三〇―三四頁）。

一九四五年八月十五日の敗戦の日、私は十五歳であったが、アジア・太平洋戦争中、大日本帝国大元帥として君臨していた天皇裕仁は、当然退位すると思っていた。しかし、天皇裕仁が戦争責任についてなんの言及もせず、一九八九年一月七日、八十七歳で没するまで天皇の地位にとどまったことがどうしても納得できなかった。吉田裕『昭和天皇の終戦史』（岩波新書、二〇〇五年）を読み大変感銘を受けたので、二〇〇六年一月四日、母校でもある一橋大学の研究室に先生をお訪ねし、ご指導をお願いした。二〇〇六年四月より社会学部聴講生となり吉田先生の講義を拝聴し、特に大学院のゼミへの出席を許され、二〇一〇年十月より早稲田大学大学院政治学研究科客員教授（情報政治学）である加藤哲郎教授のゼミにも参加した。

一橋大学社会学部入学後、図書館所蔵のラインバーガー文書の分析に取り組み新たな知見を得た。特に注目されるのが、心理戦の一環として立案された「日本計画」（JAPAN PLAN）が、アメリカの象徴天皇利用政策の起源としてもつ重要な意義である。

アメリカの象徴天皇利用政策の起源については、一九四二年十一月十九日付で米国国務省ホーンベック（Stanley K. Hornbeck）顧問が極東課宛覚書で「われわれの戦争遂行努力の進展に伴い、わが国政府が、日本国天皇に関して（おそらく皇居や皇室関係の神社等に関しても）、とるべき方針の問題を集中的に検討されたい[1]」と要請し、その結果、米国国務省領土小委員会で検討（一九四三年七月三十日―十二月二十二日[2]）されたことにはじまるとされてきた（以下国務省起源説と呼ぶ）。この観点に立つものとして、五百旗頭《いおきべ》真《まこと》『米国の日本占領政策（上下）』（中央公論社、一九八五年）、同『日米戦争と戦後日本』（講談社学術文庫、二〇〇五年）、中村政則『象徴天皇制への道』（岩波新書、一九八九年）、山際晃・中村政則編『資料日本占領1　天皇制』（大月書店、一九九〇年）、中村政則『戦後史と象徴天皇』（岩波書店、一九九二年）などがある。

一方、タカシ・フジタニは、エドウィン・ライシャワー（Edwin O. Reischauer, 1910-1990）が真珠湾攻撃一年足らずの一九四二年九月十四日付でメモランダム（覚書）を作成、日米戦争勝利後の「ヒロヒトを中心とした傀儡政権（Puppet Regime）」を陸軍省次官らに提言していたことを発見した[3]。さらに、加藤哲郎が、戦略情報局（Office of Strategic Services，略称ＯＳＳ）の機密文書のなかから一九四二年六月三日付で陸軍省心理戦争課の大佐（ソルバート）が起草した「日本計画（最終草稿）」と題する文書（抜粋が三頁、本文が三十二頁）を発見した。その内容は昭和天皇を「平和のシンボル（象徴）として利用する」というものであった[4]。この詳細は加藤の「１９４２年6月米国『日本プラン』と象徴天皇制[5]」ならびに同氏の『象徴天皇制の起源　アメリカの心理戦「日本計画[6]」』で論じられた

（以下陸軍省起源説と呼ぶ）。加藤哲郎は、五百旗頭真『米国の日本占領政策』の意義と限界に関して「戦争に責任のあった日本が敵国にグルーをはじめとする知日派の存在を得た好運」、「朝鮮国民がワシントンに理解者や代弁者を持ちえなかった不幸」（五百旗頭『米国の日本占領政策（上）』、二四四頁）を語るのは、いかに米国国立公文書館（ＮＡＲＡ）の国務省第一次資料を読み込んだはじめての本格的研究としても暴論である、と批判している。[7]

拙論は陸軍省起源説であるが、拙論文の独自性は、「日本計画」の立案にかかわったラインバーガー（Paul M. A. Linebarger, 1913-1966）博士（政治学）が、「日本計画」において「象徴天皇の下における民主主義」を、「宣伝目的」（Propaganda Objectives）として掲げたことを課題として設定したことである。これは、心理戦争では敵を限定することが必要で、対日戦争では、「軍国主義およびファシスト達」を第一の敵とし、「和平の相手となるべき天皇と国民とは埒外に置いた」と、かれが『心理戦争』（Psychological Warfare (1948) 日本語訳は一九五三年、須磨弥吉郎訳、みすず書房）で述べた理論にもとづいたものである。この観点から、拙論文は、「天皇を戦争努力に反対する宣伝の象徴（a Propaganda Symbol）」として利用するという考えが初出する「日本計画」の一九四二年五月五日付第一草稿に注目し、草稿作成に関与した関係機関やどのような手続きを経てこの見解が採用されたかを明らかにし、最終案までの経過を検討していきたい。

最終的には、「日本計画」は正規の宣伝計画としては採用されず、ラジオ・宣伝ビラによる対日宣伝に間接的に影響を与えたにとどまった。しかしその一方、日本から合衆国に帰任したグルー元駐日大使が「日本計画（最終案）」の写しを与えられ、ラインバーガー博士自身が、グルーのアメリカ国内講演旅行の演説草案作成にあたることになったことによって、「日本計画（最終案）」は影響を与えていくことになる。この点を第Ⅱ部で検討し、さらに同文書と同様の方針にもとづいてザカライアス米海軍大佐（E.M. Zacharias, 1890-1961）が行った対日放送を第Ⅲ部で検討していく。

本書は、資料面では、加藤哲郎が用いたＯＳＳ史料ではなく、主としてラインバーガー文書（Paul M.A. Lineberger papers 一橋大学図書館所蔵分）を用いる。同文書のうち、Papers written during World War Ⅱ, 1-5: 1942–1946:［personal file on the Far East, consists of miscellaneous papers, letters and paper clippings, etc.］/［gathered together and bound by Paul M. A. Linebarger］は、第二次世界大戦中に極東に関して書かれた個人ファイルであり、全五巻一七四〇頁で、三冊に製本されている。第一冊（vols. 1-2）は一九四二年二月〜十一月、第二冊（vols. 3-4）は一九四二年十一月〜一九四三年六月、第三冊（vol.5）は一九四五年三月以降をカバーしている。本書では、このなかから米陸軍省心理戦争課長ソルバート（Oscar Solbert）大佐が部下のデューク大学政治学准教授であったラインバーガーに指示して作成させた、「日本計画」の一九四二年五月五日付第一草稿から、五月十三日案、五月二十三日案、六月三日案（最終案）までの推移をたどる。ただし、最終案はラインバーガー文書にはないので、いわゆるドノバン長官文書（Records of the Office of Strategic Services, Washington Director's Office Administrative Files, 1941-1945 : Reel 62 一橋大学附属図書館所蔵）によった。

さらに本書は、ラインバーガー文書から、グルーのためにラインバーガーが収集した一九四二―一九四三年の資料を製本した文書（Papers prepared for Mr. J. C. Grew: 1 (1942) - 4(1943) / ［gathered together and bound by Paul M.A. Linebarger, at Washington, D. C., 1943］）を利用する。全四巻四冊とクリアホルダー一冊とから成る。一巻は一九四二年九月末～十二月分、二巻は一九四三年一月～五月分、三巻は一九四三年六月分。四巻はグルーのスピーチの予定原稿を報道機関用に事前配布した国務省の印刷物を製本したもので、内容日付は一九四二年八月～一九四三年六月。五巻は製本から漏れていた紙葉を事後的に収納したものである。

以下、第Ⅰ部では、対日心理作戦をめぐる方針の策定をめぐって、特にラインバーガー博士が中心となって起草した「日本計画」に注目し、同文書に「天皇を戦争努力に反対する宣伝の象徴（a Propaganda Symbol）」とする発想が盛り込まれていく経緯と、「日本計画」が結果として対日心理作戦をめぐる方針の公式文書としては撤回されていくにいたる経緯を検討する。

つぎに、第Ⅱ部では、ラインバーガー博士が講演草稿作成を手伝うことになったグルーの全米講演旅行に注目して、グルーの対日政策形成における役割を再検討する。

第Ⅲ部では、第Ⅰ部における「日本計画」の検討をふまえてザカライアス米海軍大佐が、ドイツがアメリカに降伏した翌日、一九四五年五月八日から八月四日まで十四回にわたって実施した対日放送とその効果について考察する。

□注

（1）「ホーンベック国務省顧問の極東課あて覚書」一九四二年十一月十九日（山極晃・中村政則編『資料日本占領1　天皇制』大月書店、一九九〇年）、四頁。
（2）「T（領土小委員会）、議事録　1943年7月30日－12月22日」（前掲書）、二六－四八頁。
（3）タカシ・フジタニ「ライシャワーの傀儡天皇制構想」『世界』二〇〇〇年三月号、一三七－一四六頁。
（4）開戦半年後「天皇は象徴」、『日本経済新聞』二〇〇四年十一月七日付。ただし正確には加藤哲郎教授が指摘するように、OSS史料全体は段階的に公開されてきており（ローレンス・マクドナルド「アメリカ国立公文書館のOSS史料」『インテリジェンス』創刊号、二〇〇二年）、「日本プラン（最終草稿）」の入っている「ドノヴァン長官文書」自体は1990年公開され、132リール・175000頁の大部のマイクロフィルムなため、日本の研究者が誰も見ていなかっただけ」（加藤哲郎ホームページ http://homepage3.nifty.com/katote/JapanPlan.html）である。
（5）加藤哲郎「1942年6月米国『日本プラン』と象徴天皇制」『世界』二〇〇四年十二月号。
（6）加藤哲郎『象徴天皇制の起源　アメリカの心理戦「日本計画」』平凡社、二〇〇五年、二四－四六頁。
（7）加藤哲郎『情報戦と現代史　日本国憲法へのもうひとつの道』花伝社、二〇〇七年、九六頁。

1942年アメリカの心理戦と象徴天皇制◎目次

第五章　グルーの全米講演原稿　154

第六章　グルーと戦争終結　202

Ⅲ　対日心理戦とザカライアス

装幀＝中村友和（ロバリス）

付表　組織名の略語表

CB1（China-Burma-India Theater）中国・ビルマ・インド戦域
CFR（Council on Foreign Relations）外交問題評議会
CIA（Central Intelligence Agency）中央情報局
CINCPAC（Commander in Chief, U.S. Pacific Fleet）アメリカ太平洋艦隊司令官
CINCSWPA（Commander in Chief Southwest Pacific Area）南太平洋戦域司令官
COI（Office of the Coordinator of Information）情報調整局
FBI（Federal Bureau of Investigation）連邦捜査局
FBIS（Foreign Broadcast Intelligence Service）外国放送傍受情報局
FCC（Federal Communication Commission）連邦通信委員会
FIS（Foreign Information Service）対外情報部（COI）
FRUS（Foreign Relations of the United States）米国国務省外交資料集
G-2（General Staff-2, Army Intelligence Staff）陸軍参謀二部
GHQ（General Headquarters）連合国軍総司令部
IPR（Institute of Pacific Relations）太平洋問題調査会
JPWC（Joint Psychological Warfare Committee）心理戦共同委員会
MIS（Military Intelligence Service）陸軍省軍事情報部
MO（Morale Operation）モラール工作部（OSS）
NARA（National Archives and Records Administration）米国国立公文書館
ONI（Office of Naval Intelligence）海軍情報部
OSS（Office of Strategic Services）戦略情報局
OWI（Office of War Information）戦時情報局
PWE（Political Warfare Executive）政治戦争本部［イギリス］
R&A（Research & Analysis）調査分析部（COI, OSS）
SEAC（South-East Asia Command）南東アジア戦域司令部（連合軍）
SI（Secret Intelligence）秘密情報部（OSS）
SO（Special Operations）特殊工作部（OSS）
SSU（Strategic Services Unit）陸軍戦略諜報隊
TC（Trilateral Commission）日米欧委員会
USIA（United States Information Agency）アメリカ情報局

アメリカのプロパガンダ・諜報機関の系譜

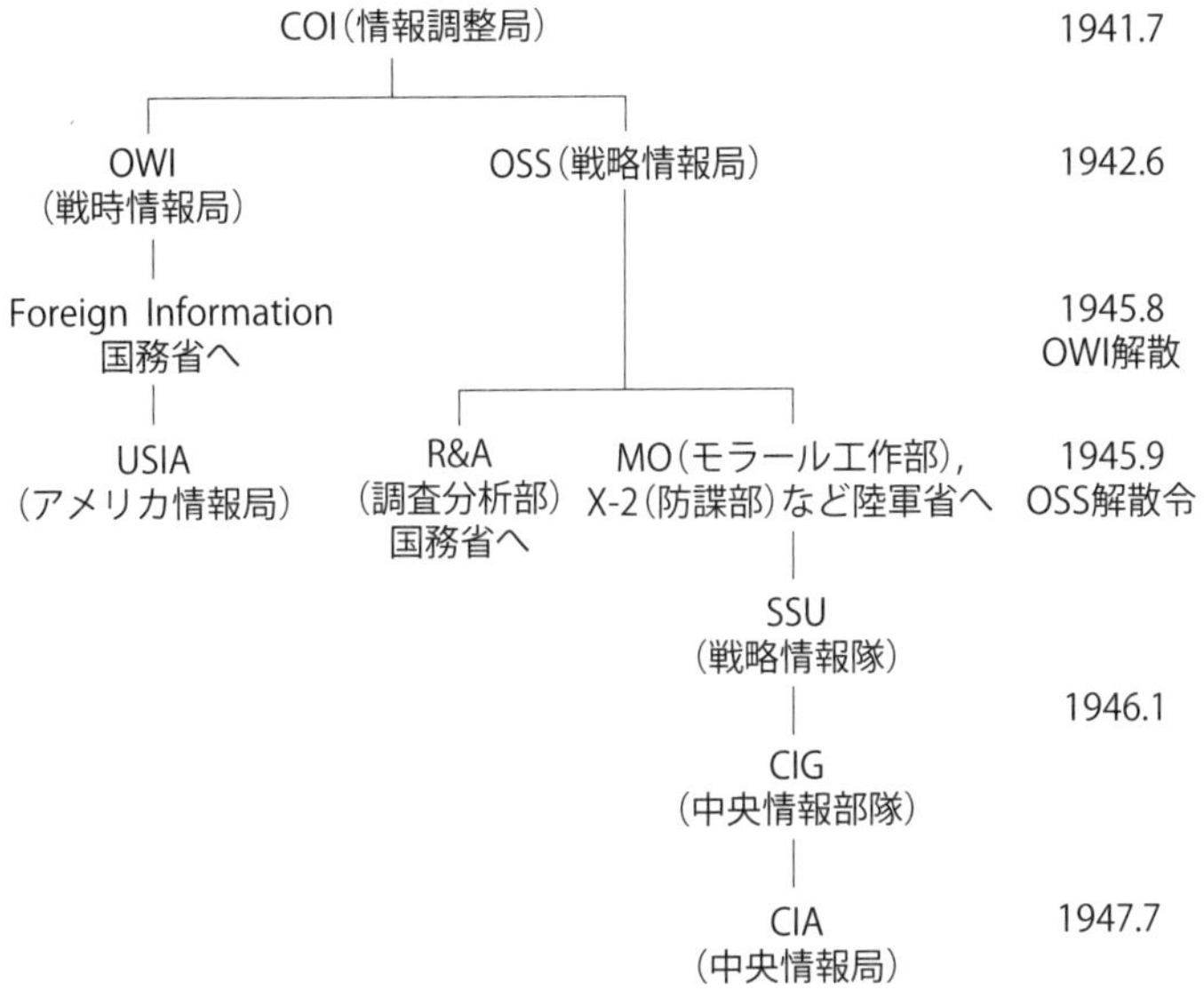

（出典：山本武利『ブラック・プロパガンダ』岩波書店、2002 年、22 頁、
加藤哲郎『象徴天皇制の起源』平凡社、2005 年、53 頁、をもとに作成。）

【凡例】

・資料の引用については原則として現代仮名遣いとし、常用漢字は新字体にしています。
・敬称は略させていただきました。
・引用文中の著者による注は、〔 〕内に記しています。
・人名表記は発音に近い表記を採用している場合があります。
・主に本文で重要と思われる人物にのみ生没年を記しています。

I ——「日本計画」とラインバーガー

第一章　心理作戦専門家、ラインバーガー

一　ラインバーガー博士

ポール・マイロン・アンソニー・ラインバーガー（Paul Myron Anthony Linebarger, 1913–1966）は、ウィスコンシン州ミルウォーキー生まれの極東政治（特に中国）を専門とする政治学者（一九三六年六月、ジョンズ・ホプキンズ大学政治学博士）であり、心理戦争（Psychological Warfare）の権威であった[1]。父、ポール・マイロン・ウェントワース・ラインバーガー（Paul Myron Wentworth Linebarger, 1871–1939）は、フィリピンの地方判事を経て孫文および中国国民政府の法律顧問などをつとめた。この間、一九三〇から三六年にラインバーガーは父の個人秘書となり、孫文の命令で中国人、日本人およびほかの役人との交渉を手伝うこともあったが、大概は、通学の合間に決まりきった事務処理と原稿の代筆を行い、孫文夫人から中国語を習った。

こうした背景から、ラインバーガーは、訪日経験および日本人との交渉の経験もあったが、基本的には親中派（国民政府）であったといってよい。なお、以前、ラインバーガーとワシントンで二度面談の機会があった緒方《おがた》四《し》十郎《じゅうろう》氏（一九二七―二〇一四年）は、ラインバーガーが、中国には、国

民政府の中国、共産主義の中国のほかにブリティッシュ・チャイナ（香港）があるといっていたのが印象的であったと私に語られたことがある。(2) ラインバーガーはまた、コードウェイナー・スミス（Cordwainer Smith）というペンネームでSF小説も書いていた多才な人間であった。(3)

ここでは、政治学者、心理戦争の権威としてのラインバーガー博士の学歴、軍歴、著作、所属学会などを簡単にまとめておく。

ラインバーガーは、中国、アメリカ合衆国、ヨーロッパ（ドイツ）の各地で教育を受け、一九三三年二月、ワシントンのジョージ・ワシントン大学で学士号を取得、さらに一九三三から三六年、バルティモアのジョンズ・ホプキンズ大学の大学院で政治学を学び、一九三五年修士号、一九三六年六月博士号を取得した。その後、ハーバード燕京研究所（Harvard-Yenching Institute）勤務（一九三六―三七年）、ハーバード大学の歴史・行政・経済学部の教員を経て、デューク大学の政治学助教授に就任した（一九三八―四五年）。一九四二年以降は陸軍省勤務のためデューク大学では教えていないが、留守中の一九四五年、政治学准教授に昇任した。その後、一九四六年から六六年までジョンズ・ホプキンズ大学の教授（アジア政治学）をつとめたが、この間、一九五七年と一九六五年には、オーストラリア国立大学（キャンベラ）客員教授をつとめた。主要大学を優等で卒業したひとびとの会（Phi Beta Kappa）、アメリカ政治学会（American Political Science Association）、アメリカ政治学・社会科学学会（American Academy of Political Social Science）、南部政治学会（Southern Political Science Association）、太平洋問題調査会(4)（Institute of Pacific Relations）、予備役将校協会（Reserve Officers Association）などに所属した。

著作は単著[5]のほか、多岐にわたる。「アメリカ政治社会科学アカデミーの年報（Annals of the American Academy of Political and Social Science）」および「嘆かわしい「アメラシア（Amerasia）」[6]」を含む雑誌に寄稿したほか、「中国軍事地名辞典（Army Gazetteer of China）」を編集した。合衆国ならびに他国のほとんどすべての宣伝政策に関する業務をこなし、著名な政府のスポークスマンのための原稿も代筆した。

つぎに第二次世界大戦中の軍歴を箇条書きでまとめておく。

一九四二年二月―八月：陸軍省軍事情報部心理戦争課極東班長（Chief, Far Eastern Section, Psychological Warfare Branch, Operations Group, Military Intelligence Service（MIS）, War Department）。心理戦争課長・米国心理戦共同委員会（ＪＰＷＣ）議長オスカー・N・ソルバート（Oscar N. Solbert）大佐の下で「日本計画」を立案した。

一九四二年八月―十一月：戦時情報局海外部作戦計画情報委員会極東班長（Chief, Far Eastern Section, Operations Planning and Intelligence Board, Overseas Branch, Office of War Information）。

一九四二年十二月：陸軍少尉（陸軍省軍事情報部、ワシントン）。前アメリカ合衆国駐日大使グルーのアメリカ国内講演の演説草稿を起草する任務に就く。

一九四三年：陸軍参謀二部（G－2）、中国戦域（China Theater）に赴任。Stilwell 大将と

Wedemeyer 大将に仕える。
一九四三年五月十三日：陸軍中尉。
一九四四年：陸軍大尉、重慶に配置。延安の中国共産党本部および西安を訪問。
一九四五年：陸軍少佐（陸軍参謀二部宣伝局極東班長（Chief Far Eastern Section, Propaganda Branch, War Department General Staff G-2, Pentagon））。

二　ラインバーガーの心理戦争の理論

米陸軍省軍事情報部（Military Intelligence Service, 略称ＭＩＳ）心理戦争課極東班長となったラインバーガーは、政治学者であり、心理学者ではなかった。心理学に関しては、心理学者のエドウィン・ガスリー博士（Dr. Edwin Guthrie）が顧問におり、また心理戦争課長のソルバート大佐は著名な心理学者キャントリル（Hadley Cantril, 1906-69）からアドバイスを受けていた[7]。日本関係では人類学者ゴーラー（G. Gorer, 1905-1985）、ミード（Margaret Mead, 1901–1978）、ベネディクト（Ruth Benedict, 1887-1948）が同僚におり、外部ではライシャワー博士（Edwin O. Reischauer, 1910–1990）、日本通のイギリス人ジャーナリスト、バイアス（Hugh Byas, 1875–1945）などからアドバイスを受けていた。ただし、のちに述べるように、かれが作成にかかわった対日心理戦争計画では、「ヴェノナ文書」[8]でソ連の大物スパイであったと指摘された大統領特別補佐官ローチリン・カリー（Lauchlin Currie）および中国研究家オーウェン・ラティモア[9]（Owen Lattimore）からアドバイスを受けていたので、「日本計画」へのかれらの影響は否定できない。またラインバーガーが、「蒋介石自身は、非常にリベラルな（左翼とはちがい本当の意味で）対日政策を採用した。かれは報復を口にしたことはなかった。日本の天皇の問題は、戦争が終結したときに、日本人みずからにかれら自身の政府を選択させることによって解決すべきだと最初に発言した偉大な国民の指導者であった(10)」と述べていることにも留意しておきたい。

以下では、主としてラインバーガーの著書『心理戦争』によって、その心理戦争の理論を紹介するとともに、それが同僚らによる見解からどのような影響を受けていたかにも言及しておきたい。とりわけ注目すべきは、「敵の限定」に関して「和平の相手となるべき天皇と国民とは埒外に置いた」と述べている点である（4「心理作戦の制約」）。なお、訳書の刊行当時は朝鮮戦争の時期であり、序文を寄せた須磨弥吉郎（外交官。戦犯容疑者であったが、のち釈放された）は、「日本は太平洋戦争の実戦に敗れたためにその心理戦争も失敗に帰した。今や再軍備と謂い自衛力の漸増というがいずれにしても自らの国を自らで衛る最小限度の防衛力を築かねばならない。ここに心理戦争の正体を識る必要がある。(11)」と述べている。

さらに、心理戦争の定義として、ラインバーガーは、「広義においては科学としての心理学の諸部分を戦争遂行へ適用することであるが、狭義においては、対敵宣伝その他の宣伝を補完するような軍事作戦処置の利用である。宣伝は、さらに非暴力的手段による組織的な説得といってもよい。戦争自体はとりわけ説得の一つの暴力的形態と考えられる。(12)」と述べている。つぎに、第二次大戦中のアメリカの敵国民とアメリカ人とを比較して、「アメリカの敵国民はアメリカ人およびその指導者よりも狂信的であった。その結果、アメリカ人は科学ないしわれわれの常識が提供してくれるあらゆる便宜的な心理的武器を使用することができた。われわれは、それを天皇神話や指導者原理その他の厳格かつ狂信的な哲学と一致せしめる必要を感じなかった。[13]」と述べている。そして、両国それぞれの利点を取り上げ、「敵は一つの信念に凝り固まった軍隊と国民とをもっているというはっきりした利点をもっていた。われわれはまたわれわれの宣伝活動を阻害するような内的な神話をもたない懐疑的な国民をもっている点において、これを相殺するような利点を享有していた。[14]」としている。

三　心理学の一部門としての心理作戦

「優れた宣伝は、正式な意味で心理学の知識のない人々によって行われる」といってラインバーガーがあげたのは、アメリカ独立戦争当時に政治パンフレット（Common Sense, 1776）を発行して活躍したトーマス・ペイン（Thomas Paine, 1737–1809）である。ペインは勿論フロイト（Sigmund Freud, 1856–1936）やパーヴロフ（Ivan Petrovich Pavlov, 1849–1936）を片言隻句も読んだことはなかったが、その革命戦争中の議論は近代の心理学者が列挙することができるあらゆる訴えを巧妙に駆使したと述べている。[15]

そして、心理学の効用は、「有能ではあるが天才ではないような政治家又は将校がその説得を組織的に計測し、より偉大な人々が天才によって達成できるような結果を企画によって達成させるものである」[16]と述べ、以下具体的につぎのように説明している。

第一に、心理学者は、「普通は看過されている人間の心理的要素に関し軍人の注意を喚起する。彼は欲望を嫌悪へ、個人的多芸多才を集団的な臆病へ、摩擦を不信へ、偏見を憤怒へ転ずる方法を教える。彼はその素材を求めて「無意識」（Unconscious）の心にまで遡ってこれを成しとげる」[17]と述べ、「第二次大戦中、中国の幼児は粗相（nuisance）しても平気であるのに対し、日本の幼児は場所柄を弁《わきま》えずに粗相すると、途中で止められるか、ひどく叱られるという事実が心理戦の企画上、重要であることが発見された」[18]と説明している。

この「粗相」に関する記述の根拠となったのは、同僚の人類学者ゴーラー、ミード、ベネディクトが行った研究にもとづいている。かれらは社会人類学、精神分析および刺激―反応に関する心理学の諸原則からみちびき出された十二の仮説[19]にもとづいて四十人あまりの日本人ないし、日本人の血を引く人に対する面接を行った。その結果、日本人の幼児期のきびしい排泄のしつけが日本人の極端な潔癖、個人の強迫的な儀式をもたらすが、この背後には無意識の非常に強い攻撃欲求がみられる。そして、日本の環境下での正しい行動基準は異なった環境やちがう条件の下では、もはや通用しないから、日本では通用しないような侵略攻撃や残虐性が外で発揮されると論じた[20]。

ラインバーガーは、第二に、心理学者は「敵が現実に感じていることを発見する技術を決定することができる〔中略〕ありふれた統計的又は質問書的方法を使用することによって心理学者は敵の捕虜の少数の各代表に質問を発し、その結果から一定時におけるすべての敵陣営の心理状態を測定することができる」[21]と述べているが、ベネディクトは多くの俘虜に対する調査をもとに日本人は「天皇の命令とあれば、たとへ竹槍一本のほかに何の武器がなくとも、躊躇せずに戦ふであろう。がそれと同じやうに、もしそれが天皇の命令ならば、速かに戦を止めるであろう」と『菊と刀』において述べている。[22]

第三に、ラインバーガーは、心理学者は「軍事的心理戦担当者に対して、耳を傾けるようなことを敵に言うようにしなければならない。[23]」と述べているが、これはラインバーガーと同僚であった心理学者、ガスリー博士の見解である。

最後に、心理学者は「ラジオ、ビラ、拡声機、風説〔デマ〕を拡めるスパイ・帰還した敵軍人等という手段をあげることができる。彼は一定の手段をいつ使用し、いつ使用しないかを教示することができる。彼は作戦および情報士官と協力して、すべての利用可能な心理学的要素の完全活用を企画することができる。彼は宣伝の時期を軍事的、経済的または政治的情勢と整合させることができる。[24]」と述べている。

また、ラインバーガーによれば、心理作戦では宣伝は五大要素すなわち、「a情報の出所（手段を含む）（Source）、b時期（Time）、c対象（聴取者、読者）（Audience）、d主題（Theme）、e目的（Mission）」に区別しうるが、このうちもっとも重要な要素は、情報の出所である。[25]そして、ホワイト・プロパガンダ（白色宣伝／White Propaganda／Overt Propaganda）とブラック・プロパガンダ（黒色宣伝／Black Propaganda／Covert Propaganda）をつぎのように定義している。すなわち「白色宣伝」（又は公然宣伝）は確認された出所、通例、政府又は政府の一機関（各層の軍司令部を含む）より発せられる。「黒色宣伝」（又は隠密宣伝）は真実の出所以外の表面上の出所を有し、通例、攻撃の対象となる地域の国内法では非合法的な言動をなすものである。[26]

四　心理戦争の制約

(a) 心理戦争の政治的制約

ラインバーガーによると、心理戦争には、四つの制約、すなわち、a．政治的制約、b．機密保持上の制約、c．メディア（media）による制約、d．人員の制約がある。このうちa、b、cの三つの制約についての説明を紹介する。

「政治は心理戦争の内容に大きな影響をもつ。交戦二国の関係は、完全な隔絶のそれではなく、反対に戦時においてはその関係は異常、鋭敏かつ敏感となる。〔中略〕第二次大戦中、アメリカ人は日本人に関し、二十年間の平時の教育で得られる以上のことを学んだ。[27]」と述べ「銃後の政治（home-front politics）と第一線の心理戦争（field psychological warfare）との間の調和の維持が困難である」とし、対日心理戦争の問題として、「日本の天皇を猿、豚、気狂い、魔術師などと悪名を言うことは、アメリカの国内政治の助けになったであろうし、また現実にそれをあえてしたものもあった。しかし、アメリカ政府が銃後において民心の奮起のためにこのような手段に訴えたとしたら、日本の銃後の国民はもっともっと激昂し、その結果アメリカはこのような攻撃によって敗北を喫したであろう。[28]」と論じている。したがって、敵を限定することが必要となる。戦闘行為の目的からは誰が敵であるかを決めることは（概ね）容易である。が、心理作戦にとっては容易ではないから、心理戦争の目的からは敵をつぎのように限定するのが有益である。

i．支配者　ii．支配層　iii．不特定の黒幕　iv．特定の少数派[29]

そして、日本の場合は「軍国主義」および「ファシスト達」を第一の敵とし、資本家をこれより大分劣った第二の敵と定め、「和平の相手となるべき天皇と国民とは埒外に置いた」と説明しているのである。

(b) **機密保持上**の**制約**

有用な知識が敵に漏れないようにするためには機密保持上の制約が必要となる。宣伝は敵が知っているニュースをより速く知らせそのニュースを信用させないようにする。したがって、宣伝関係の諸機関で働いている軍人・民間人に対して機密保持上の制約を課すことが必要となる。が、機密を知らされているひとは知っていることを自慢したがるものだ。そこで、ラインバーガーは「心理戦争に関する機密保持手続にはすべての作戦にあてはまる常識的な警戒が必要である[30]」として、つぎの諸規則を列挙している。

i．秘密扱いは絶対的最小限に止めなければならない。敵を利すると考えられる強い現実の理由がない限り、情報を秘密扱いにすべきではない。

ii．一般的に言って機密保持は全体として一グループ単位に適用し、その実際の単位は顔をつき合わせて一緒に仕事をしているものを基礎にとるべきである。

iii．機密保持は論説的目的のために適用すべきではない。検閲はこれとは別個の機能である。

iv．印刷物の機密は保持が容易である。ラジオの機密保持は別問題である。随時のニュースは通例の機密保持の措置を待つ暇がなく直ちに処理しなければならない。(31)

(c) メディアによる**制約**

ラインバーガーはメディアをつぎのように分類している。(32)

i．普通波長（長波）のラジオ　ii．短波ラジオ　iii．拡声器

iv．リーフレット（ビラ）　v．パンフレット　vi．書籍　vii．珍奇品

このうちラジオとリーフレット（ビラ）とが第二次大戦における心理戦争の主力であった。ラジ

オ設備をもっていない大衆に放送するのはおかしい。だが、少なくとも太平洋戦争勃発の初期に、戦時情報局（Office of War Information, 略称ＯＷＩ）は連続ホームドラマやポピュラー音楽を短波で日本向けに放送していた。短波受信機は、日本政府と富豪階級しかもっていないことがわかっていたにもかかわらずそうしていた。当時わかっていたことは、日本政府は短波受信機を所有していてアメリカの放送内容が日本軍・政府には伝わっていたということであった。一九四二年十二月十二日に、ライシャワー博士は陸軍省の求めに応じ、「日本の勝利があり得ないことを理性的に知り戦後を考えている日本国内数百人の指導者に向け、正しい戦況やアメリカ政府発表の全文、真面目な文化ニュースなどを短波放送で送ろうという提案もした」[33]。敗戦直前、軍事情報から疎隔されていた天皇裕仁が、短波ラジオ放送を聴取して戦況を知悉していたことが知られている[34]。グルー元駐日大使は、一九四四年六月二十六日、ＯＳＳ（戦略情報局）長官に対してブラック・ラジオの創設を提言した[35]。

対日戦における戦時宣伝ビラはその対象から三つに分けられる。第一の対象は連合国軍の敵、日本軍を対象とした宣伝ビラ、第二は、日本の植民地または占領地にいる非日本人を対象としたビラ、第三は、日本軍の捕虜となった連合国側の人々を対象としたビラである。日本軍を対象とした日本語のビラは、一九四二年六月のミッドウェー海戦の翌月からはじめて作成された。その最初は識別番号「Ｊ1」からはじまるシリーズで、このＪシリーズは「Ｊ1」から「Ｊ307」まで連番で発行されたのが確認されている。これと同時に作成された「ＬＴ」という識別番号がついた日本語ビラのシリーズがあるが、この「ＬＴシリーズ」には、「天皇シリーズ（Emperor Series）」という名称が付けられ、昭和天皇の肖像写真が使用されていた。アメリカの情報機関では、「天皇や皇族をプロパガンダに利用することは〔中略〕禁じられていた」という通説からすると珍しい例である。[36]

□注

（1）主として、ラインバーガー自身が一九四五年十二月十二日にワシントンのSchool of Advanced International Studies宛に提出した履歴書（一橋大学附属図書館ラインバーガー文書［Qcea -168-3］, 一六九一―一六九六頁）、および、Elms, Alan C. "Paul Myron Anthony Linebarger Biographical Summary" (Cordwainer Smith Unofficial Biography Page）にもとづいたパンフレット一橋大学附属図書館所蔵コレクション紹介（7）による。

（2）二〇〇七年五月二十九日、Hugh Patrick（1930- ）主催のコロンビア大学日本経済経営研究所東京カンファレンス（パレスホテル）の懇親会。

（3）伊藤典夫「コードウェイナー・スミス入門」（コードウェイナー・スミス、伊藤典夫・浅倉久志訳『鼠と竜のゲーム』早川書店、一九八二年）、三〇三―三一〇頁。

（4）太平洋問題調査会（The Institute of Pacific Relations, IPR）は、一九二五年に太平洋地域のひとびとに関する科学的研究を促進するために設立された、非公式で党派に属さない組織である。ただし、「この組織には共産主義者や共産シンパが潜入していてこの集団の影響力の大半は、学問的活動に対する財団からの資金の寄付に近づき支配することから生まれた。」（Carroll Quigley, *Tragedy and Hope.* New York: Macmillan Company, 1966, p.935.）という指摘が注目に値する。

（5）Linebarger, Paul M.A.（1937）. The Political Doctrines of Sun Yat-sen: an exposition of the San Min Chu i.

Baltimore: The Johns Hopkins Press.（一九三六年にジョンズ・ホプキンズ大学に博士論文として提出されたもの）; Lineberger, Paul M. A. (1938). Government in Republican China. New York, London: Mc Graw-Hill; Lineberger, Paul M. A. (1941). The China of Chiang Kái-shek: a political study. Boston: World Peace Foundation; Lineberger, Paul M. A. (1946). *Psychological Warfare*. Washington: Infantry Journal Press; ; Lineberger, Paul M. A.; Chu, Djang; Burks, Ardath W. (1954). Far Eastern Governments and Politics, China and Japan. Toronto: D. Van Nostrand.

（6）太平洋問題調査会（ＩＰＲ、「はじめに」の注５参照）の指導者の発行していた雑誌『アメラシア』の事務所がＦＢＩ（連邦捜査局）の手入れを受け、一八〇〇通に及ぶ盗まれた政府文書が発見されたことがあったので、ラインバーガー博士は、「嘆かわしい（lamentable）」と書いたと考えられる。なお、その後、上院司法委員会がＩＰＲを調査し、一九五二年調査結果を公表した（James Perloff, *The Shadows of Power, The Council on Foreign Relations and The American Decline*（Wisconsin: Western Islands, 1992）p. 88. ジェームス・パーロフ、馬野周二訳『権力の影　外交評議会［ＣＦＲ］とアメリカの衰退』徳間書店、一九九二年、一六〇、一六一頁。

（7）Hadley Cantril, *The Human Dimension: Experiences in Policy Research*（New Jersey: Rutgers University Press, 1967）, 1942, p.81. 一九四二年二月八日、陸軍省心理戦争課のソルバート大佐とブラック（Percy Black）大佐が、種々の心理作戦問題を討議するためにプリンストンに来訪した。ちなみに、Hadley Cantril, *The Invasion from Mars: A Study in the Psychology of Panic*, Princeton University Press, 1940（斉藤耕三・菊池章夫訳『火星からの侵入』川島書店、一九七一年）は、社会的規模で発生したパニック（一九三八年十月三十日、東部標準時間午後八時、アメリカ・コロンビア放送がオーソン・ウェルズによるＨ・Ｇ・ウェルズ原作『宇宙戦争』を一時間のラジオドラマで放送したのを聞いた約六〇〇万人のうち約一〇〇万人がパニックに陥った）の原因を解明し、ラジオ研究の古典とされている。

（8）ヴエノナ（Venona）とは、一九四三年から一九八〇年の間に米陸軍通信情報部、のちの「国家安全保障局」（ＮＳＡ）が過去に遡及してソ連の暗号通信を極秘裏に解読した作戦に、アメリカ合衆国政府が付した最高機密の名称である。John Earl Haynes & Harvey Klehr, *Venona, Decording Soviet Espionage in America* (Yale University Press, 1999) では、ローチリン・カリーがHarry WhiteとAlger Hissにつぐ大物スパイでありPageという名であったことが指摘されている（pp. 145-150）。

（9）リース委員会（一九五三年七月の第八十三議会がテネシー州のＢ・キャロル・リース下院議長を議長として設置した特別委員会で非課税財団を調査した）が、「オーウェン・ラティモアが一九三〇年代当初からソビエトのエージェントだったことはまちがいない。彼は卓越した指導力を駆使して一九三四年までに第三インター（モスクワに本部を置く共産主義インターナショナル）の極東部長G・N・ボイチンスキーとの公式ルートを築き、それを活用した」（W・クレオン・スクーセン、太田龍監訳『世界の歴史をカネで動かす男たち』成甲書房、二〇〇五年、一〇二頁）と指摘している。ただし、「ヴェノナ文書」ではラティモアの名前はない。

（10）P. M. A. Linebarger, *Psychological Warfare*,（Washington: Infantry Journal Press, 1948）, pp. 106, 107. ラインバーガー、須磨弥吉郎訳『心理戦争』みすず書房、一九五三年。訳文を変更したところがある。以下同じ。

（11）Linebarger, *Ibid*., 前掲訳書、序文三頁。

（12）Linebarger, *Ibid*., p.25. 前掲訳書、二四頁。

（13）Linebarger, *Ibid*., p.25. 前掲訳書、二四頁。

（14）Linebarger, *Ibid*., p.25. 前掲訳書、二五頁。

（15）Lineberger, *Ibid.*, p.25, p.26. 前掲訳書、二五頁。
（16）Lineberger, *Ibid.*, p.25, p.26. 前掲訳書、二五頁。
（17）Lineberger, *Ibid.*, p.26. 前掲訳書、二五頁。
（18）Lineberger, *Ibid.*, p.26. 前掲訳書、二五頁。
（19）ジョフリー・ゴーラー、山本澄子訳「日本文化の主題　幼児期経験と日本人」（"Themes in Japanese Culture"）、『日本文化論　近代日本の名著（第十三巻）』徳間書店、一九六六年、六五、六六頁。

十二の仮説とは、

①　人間の行動というものは、理解することができるものである。
②　人間の行動は、おもに、学習によるものである。
③　すべての社会において、同じ年齢、性、身分にある個々人の行動は、同一の状態におかれるならば、相対的に画一性を示すものである。
④　すべての社会は、その社会が理想とする成人の性格（ないしは、性と身分にもとづく諸性格）をもっている。
⑤　習慣は、賞罰を区別することによって形成され、それは社会の他のメンバーによってあたえられるものである。
⑥　人生の初期に形成された習慣は、すべて、後の学習に影響を与える。したがって、乳幼児期体験は、いちじるしく重要なものである。
⑦　乳幼児期におけるおもな学習は、飢え、適温への要求、苦痛回避、性と排せつ、および（たぶん学習によるところの）恐怖と怒り（不安と攻撃性）などの、生得的な衝動を抑制し修正することからなりたっている。

⑧ どこでも、子どもに賞罰をあたえるのはたいていは両親であるから、父母およびその度合は少ないがきょうだいに対する子どもの態度は、あとになって出会うすべての人びとに対する彼の態度の原型になる。

⑨ 成人の行動は、つよい生理的ストレスがないかぎり、一次的な生物的衝動の上に重なっている。学習による（二次的・派生的）衝動や欲求によって動機づけられている。

⑩ これらの欲求の多くは、非言語的で、無意識的なものである。そのわけは、これらの欲求が動因となるような習慣を形成する賞罰が、乳幼児期にあたえられるからでもあり、また、これらの欲求を口にだしていうと、ひじょうに重い罰を受けるからでもある。

⑪ 初期のしつけによって得られたこれらの諸欲求が、国民の大多数に共有されるとき、それらを充足させるために、同時に、いくつかの社会制度が発達する。

⑫ 同質文化内においては、支配と従属、服従と傲慢というパターンは、家族から宗教・政治の組織にいたるすべての局面で、ある一貫性を示す。

（20） ゴーラー、前掲訳書、七七―八五頁。

（21） Linebarger, *Ibid.*, p.26, 前掲訳書、二六頁。

（22） Ruth Benedict, *The Chrysanthemum and the Sword* (Boston, Tuttle Publishing, 2000), pp.32, 33. ルース・ベネディクト、長谷川松治訳『菊と刀』社会思想研究会出版部、一九四九年、四五、四六頁。

（23） Lineberger, *Ibid.*, p.27. 前掲訳書、二六頁。

（24） Linebarger, *Ibid.*, p.27. 前掲訳書、二七頁。

（25） Linebarger, *Ibid.*, pp.43, 44. 前掲訳書、四九頁。本件に関し、ラインバーガーにはつぎの論文がある。"*Psychological Warfare and Literary Criticism*", The South Atlantic Quarterly, vol. 46, No.3, July 1947, pp.344-348.

（26）Linebarger, *Ibid*., p.44. 前掲訳書、四九頁。
（27）Linebarger, *Ibid*., p.48. 前掲訳書、五七頁。
（28）Linebarger, *Ibid*., p.49. 前掲訳書、五八頁。
（29）Linebarger, *Ibid*., p.51. 前掲訳書、五九—六一頁。
（30）Linebarger, *Ibid*., p.51. 前掲訳書、六一頁。
（31）Linebarger, *Ibid*., pp. 53-55. 前掲訳書、六四、六五頁。
（32）Linebarger, *Ibid*., pp. 55-57. 前掲訳書、六七、六八頁。
（33）エドウィン・O・ライシャワー、徳岡孝夫訳『ライシャワー自伝』文藝春秋、一九八七年、一五一頁。
（34）「終ひには（ラボール以后）参謀本部ハ知らず、陛下ハ米国の短波で日本軍の所在を知る状態」（昭和二十一年十二月十八日（水））『昭和天皇独白録　寺崎英成・御用掛日記』文藝春秋、一九九一年、二七二頁。
（35）山本武利『ブラック・プロパガンダ』岩波書店、二〇〇三年、六五—六八頁。
（36）土屋礼子「太平洋戦争における対日宣伝ビラ」『如水会会報』二〇〇七年二月号、一一—一四頁。

第二章　対日心理作戦「日本計画」とは何か

一　対外情報宣伝組織

アメリカ合衆国の対日心理作戦計画はどのように策定され、そこにラインバーガーが中心となって起草した「日本計画」はどのように盛り込まれていったのであろうか。

まず、第二次世界大戦におけるアメリカ合衆国の対外情報宣伝組織について述べておく。アメリカ合衆国は、一九四一年まで対外情報宣伝組織をもっていなかった。国務省は在外大公使館から外交文書などによって諸外国の情報を入手していたが、軍またはそれ以外の部門には情報宣伝組織・施設をもっていたものはなかった。(1)

一九四一年七月十一日、フランクリン・デラノ・ローズベルト（Franklyn Delano Roosevelt, 1882－1945）大統領は大統領命令を発出して海外からの情報評価を一元化し、アメリカ合衆国の安全・権益を危機に陥れるような国際的事件が発生した場合、ただちに大統領宛に報告するような体制とした。そして、そのような情報を統合する責任者として情報調整局（Office of the Coordinator of Information, 略称ＣＯＩ）のポストを新設し、辣腕の弁護士ウィリアム・Ｊ・ドノバン（William Joseph

Donovan,1883–1959）を任命した。ドノバンは、アイルランド系、カトリック教徒で、ローズベルトとはコロンビア大学法律大学院での級友であった。(2)ドノバンを高く評価していたローズベルト大統領は、「ドノバンが民主党員であれば、かれはいまの私の地位にいたであろう(3)」といったことがあるとされている。

COIの第一の使命は情報の蒐集とその直接の利用のための操作であった。このために、多数の専門家が、日本およびドイツの調査機関が数年かかって行ったことをアメリカのためにものの数週間でやろうとして調査分析部に招聘された。(4)一九四一年八月、ドノバンはウィリアムズ大学学長で外交史の権威、バクスター（James Phinney Baxter）博士をスカウトしてきて、調査分析部（R＆A）の最初の責任者に任命した。ドノバンとバクスターは海軍、陸軍から一名ずつと八名の専門家からなる理事会メンバーをえらんだ。(5)

他方、放送活動は最初、対外情報部（Foreign Information Service, 略称FIS）と呼ばれるCOI内の一部組織によって行われた。真珠湾攻撃に先立つ数週間前、そのグループは劇作家ロバート・シャーウッド（Robert Emmet Sherwood, 1896-1955）の指揮の下にニューヨークにおいて結成され、手はじめに放送会社に資料を提供することになった。(6)シャーウッドは、ハーバード大卒（一九一七年）のピューリッツァー賞受賞作家で、ローズベルト大統領のスピーチライターでもあったが、イギリスびいきであり、ローズベルト大統領の重要な外交政策に関する演説草稿を事前にイギリスの諜報機関にみせていたという。(7)

ドノバンはホワイトハウスから書面で正式に権限を受託せずにこの任務に携わることになったため、関係諸機関の間では、統一された宣伝政策の欠如と、実施諸機関の権限の分配が不明瞭なことから「抗争」が生じたが[8]、一九四三年夏、戦争二年目もかなり過ぎた頃まで、この問題は完全には解決されるにいたらなかった。COI以外の関係機関にはつぎのようなものがあった。

まず、軍事情報局（Military Intelligence Division）は、COIが設置されたときとほぼ同時に、極度に秘密な心理戦争の事務局「特殊研究班」（Special Study Group, 略称SSG）を創設した。SSGは広汎な情報および政策に関する機能を有していたが、実施面の設備はもっていなかった。班長はエドウィン・ガスリー博士を先任の心理学顧問に任命したパーシー・ブラック（Percy Black）中佐であった。COIとSSGは、COIがSSGの提案を適宜採用するという程度の緩い協力関係をもった[9]。このほか「ロックフェラー事務局」（the Rockefeller Office）は中南米諸国に対して独自に放送を実施し、「調査統計局」（the Office of Facts and Figures）は国内情報を与えるなど、心理戦争活動の最盛期にはワシントンに心理戦争と関連する相互に無関係の機関が少なくとも九つ存在し、どれも現実にほかの監督に服することはなかった[10]。

ラインバーガー博士は、さきに述べた軍事情報局のSSGに勤務していたが、一九四二年海外宣伝関係の毎日の任務を遂行するために、本来の陸軍情報関係、海軍情報関係、国務省、大統領補佐官室、調査統計局、英国政治戦争斑、民間防衛局、情報調査官室、調査分析斑、議会図書館事務局、対外情報部および農務省等に連絡する必要があった。これら部局のおのおのは宣伝を実施するが、政策上または諜報上の貢献をした。勿論、経済戦争局もこの分野に関係していた。[11]
一九四二年六月十三日、ローズベルト大統領は、大統領行政命令九一二八号（Executive Order 9128）により、大統領直轄のＯＷＩ（戦時情報局）を創設した。この機関は直接、間接にすべての国内宣伝および当時なお国務省内の「ロックフェラー委員会」（the Rockefeller Committee）の手にあった西半球を除き、すべての海外向け「白色」（公然）宣伝を統轄した。これに伴い、ＦＩＳはＣＯＩから分離され、ＣＯＩにはＯＳＳ（戦略情報局）という新しい名称が与えられ、「学究的および非公式の情報活動の継続」「『黒色』宣伝活動（一九四三年三月明示の権限を与えられる）」、「破壊的活動―正規の軍当局と協力」を担当することになり、ドノバン大佐がＯＳＳの責任者に任命された。
一方、ＯＷＩは、ローズ奨学金受賞者で、アメリカでもっとも人気があった時事解説者であったエルマー・デイビス（Elmer Davis）の下に、またＦＩＳは、ロバート・シャーウッドの下に置かれることになった。シャーウッドは、社会主義・亡命者、広告専門家、心理学者、精神分析家（専門家および素人を含む）、職業的斡旋屋、お芝居屋（theatrical types）、ドイツ人教授、商務官、大学出たての青年、石油会社重役、人気作家（小説家、気の利いた文士、ピューリッツァー賞受賞者、三文文士、ユーモア小説家、詩人、日本帝国大使館につい先頃まで雇われていた職業的親日作家）などの奇妙な連中の援助を得た。[12]
このような機構改革に伴い、陸軍参謀二部（Ｇ－２）の下にあるＭＩＳ（陸軍省軍事情報部）は、心理戦争課（Psychological Warfare Branch）と改称されたが、機構や権限にはなんら顕著な変更はなく、陸軍士官学校出身で、深い国際的経験と実業の経験を有していたオスカー・ソルバート（Oscar N. Solbert）大佐（のち准将）が課長に就任した。ソルバート大佐は欧州駐在、大統領府武官勤務を経た後、イーストマン・コダック（Eastman Kodak Co.）の社長となり、軍務を退いていた人物であった。[13]

ラインバーガー博士は、ソルバート大佐の指示を受ける心理作戦班長であった。

一九四二年十月六日現在、戦時情報局海外局作戦計画情報委員会、委員長ソルバート大佐のスタッフの構成・肩書き[14]は以下の通りであった。

エドワード博士（Dr. Allen Edwards）――顧問、心理学者
ガスリー博士（Dr. E. R. Guthrie）――顧問、心理学者
コール博士（Dr. R. Taylor Cole）――ドイツ問題アドバイザー
テイラー博士（Dr. George Taylor）――極東問題アドバイザー
ラインバーガー博士（Dr. Paul M. A. Linebarger）――中国問題アドバイザー
カムパナリ（Mr. Christopher Campanari）――イタリア問題アドバイザー
オグル（Mr. L. M. Ogle）――フランス問題アドバイザー助手
クルマー（Miss Mary Ann Kullmer）――ドイツ問題アドバイザー助手
ミヤカワ（Mr. T. Arthur Miyakawa）――日本問題アドバイザー助手

二　「日本計画」草案の検討はじまる

パール・ハーバーから半年後、日本がミッドウェー海戦（一九四二年五月五日）で甚大な損害を蒙った時期、すでにアメリカ合衆国は連合軍の軍事戦略の一環として対日宣伝計画を立案しつつあった。対日宣伝計画は二つあり、そのどちらの計画もが「皇室への攻撃はしない、天皇を平和の象徴（symbol）として利用する」という戦略を核心としていた。このうち前者は「ＣＯＩ（情報調整局）－ＦＩＳ（対外情報部）とイギリス政治戦争本部（Political Warfare Executive, 略称ＰＷＥ、イギリス）との計画」であり、後者は「陸軍省軍事情報部（ＭＩＳ）心理戦争課が立案し、関係機関と調整した日本計画」であった。まず前者について述べる。

このＣＯＩ－ＦＩＳとＰＷＥとの計画は、「日本と日本占領地域のための英米共同一般政策のアウトライン　一九四二年五月[15]」というものである。

この文書では、対日政治戦争[16]の目標として、

1. 軍事的、経済的、政治的、心理的な日本の戦争機構の基盤を――われわれがどこでもどんなふうにしてでも――弱体化させること。
2. 日本が占領しているか、占領の脅威があるすべての地域で引き続き抵抗勢力を激励すること。
3. ドイツと日本との間の協力を低下させ、摩擦を増加させること。

をあげている。そして、目標1のうち政治的目標については、

A. 権力の奪取（usurpation of power）ならびに「帝国主義的方法」からの離反に関心を向けることによって、日本国民に対して現行政権に対する不信感をつくり出すこと。

B. 個人ならびに秘密集団によって狂信的対立をつくり出すこと。

をあげ、「このテーマは重要かつ微妙であり、あらかじめ決められた方法により非常に注意深く処理しなければならない。皇室へのすべての攻撃は回避されなければならない（All attacks upon the Imperial family must be avoided）」と述べられている。

この文書は、FISの責任者シャーウッドが部下のマッケボイ（Dennis Mc Evoy）に指示して、アメリカにおけるイギリスの政治戦争の協力者であったイギリス王妃の弟デイビッド・ボウズ－リオン（David Bowes-Lyon）と交渉させて策定させたものであった。しかしシャーウッドは本件について、統合参謀本部にも連絡しなかった。(17) シャーウッドが同文書の内容をはじめて明らかにしたのは、あとで述べる六月十日に開催された心理戦共同委員会の席上においてであった。

この計画の結論は、宣伝作戦に短波ラジオを使用するとしていた。短波ラジオの唯一の聴取者は〔大日本〕帝国政府の外電傍受者だということが当時わかっていた。しかし、アメリカ側では、外電

傍受者に対する具体的な宣伝計画が立案されなかった。そしてラジオ放送の最終的かつ監督文書であると考えられたこの計画は、極秘扱いであったため、結局のところ、実際に宣伝を書き、放送するひとびとに示されることも、軽く触れられることもなかったのである。[18]

三　「日本計画（五月五日付　第一草稿）」

一方、シャーウッドの計画を全く知らず、そうした計画が作成され秘密扱いであったことも思いもよらないことであったソルバート心理戦争課長が、部下のデューク大学の政治学助教授で陸軍省軍事情報部心理戦争課極東班長であったラインバーガー博士に準備するよう指示したのが、「日本計画」である。

ラインバーガー博士は、一九四二年五月六日、「日本計画　一九四二年五月五日付　第一草稿[19]」〔JAPAN PLAN（FIRST DRAFT OF MAY 5）〕を提出した。ラインバーガーの計画は、二つの情報源にもとづいていた。[20]

一つは、歴史、政治学の教科書ならびに百科辞典に見られた日本に関する公知の事実。もう一つは、政治宣伝では「コミュニケーションの感覚（sense of communication）」が第一の要件であり、心理戦争は宣伝の受け手が信じ同感したい気にさせるテーマを送るべきで、宣伝の送り手の敵意を満足させるだけのテーマを送るべきではないという、ガスリーによって述べられた心理学の理論であった。

「日本計画」策定のそもそもの狙いは、連邦政府内に対外宣伝関係の機関が多数あるため、それぞれが立案・実行する対日宣伝政策の間に矛盾や重複が生じるのを避けることにあった。また、統合された情報にもとづいて軍事作戦に役立ちうる対日宣伝政策を策定すれば、陸海軍が作戦計画上「日本計画」を参考にしうるとも考えられたのである。このため統合参謀本部は、一九四二年三月二日、心理戦共同委員会（Joint Psychological Warfare Committee, 略称ＪＰＷＣ）を発足させた。この委員会設立を受けてソルバートは、ラインバーガーに「日本計画」の準備を指示したのである。

ラインバーガーの草案は全部で十七ページであった。まず草案はつぎのように述べている。

心理戦争を戦闘努力（combat effort）と調整するため、そして宣伝を陸・海軍の状況ならびに現行作戦に適応させるために対日心理戦争のための指導計画を採択することが絶対必要である。こうした計画が心理戦共同委員会で採択されれば、陸軍、海軍、国務省、情報調整局、調査統計局、米州調査官局（Office of the Coordinator of Inter-American Affairs, OCIAA）の広報課ならびに士気機関（moral agencies）に付託される。

「日本計画」を受領次第、関係機関は賛成か、特別に関心がない場合には、以前に採用した諸政策もしくはその他考慮すべきことがどの程度「日本計画」の修正を必要とするかご通知願いたい。

草案は、つぎに、三つの主要目標をあげている。

a. 日本人の戦争行動を妨害し、日本人の戦闘意思を弱体化させる心理学的要因を利用すること。

b. 日本の戦争行動の助けとなっている日本の経済的・社会的諸行動を弱体化させ、妨害すること。

c. 日本帝国の降伏または崩壊もしくは日本陸軍当局の転覆、または両方に導くこと。

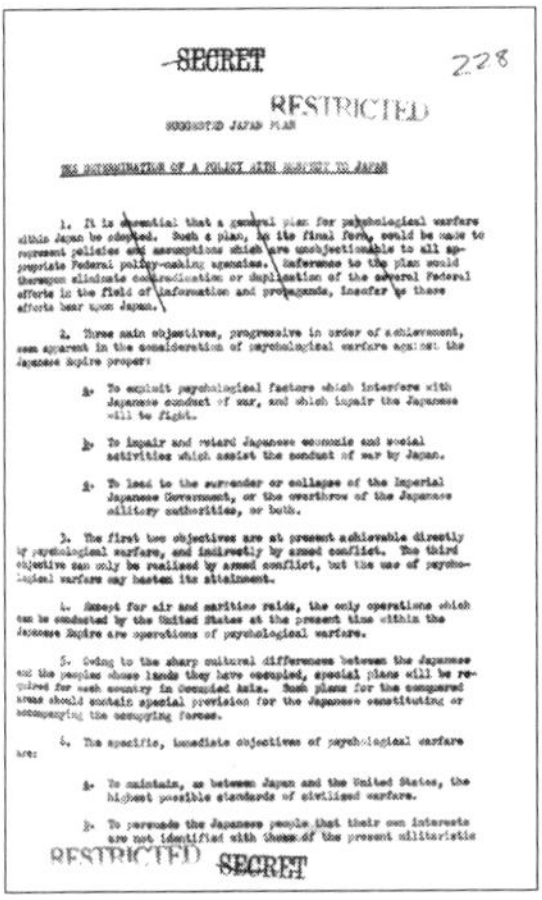
SECRET 228

RESTRICTED

SUGGESTED JAPAN PLAN

THE DETERMINATION OF A POLICY WITH RESPECT TO JAPAN

1. It is essential that a general plan for psychological warfare within Japan be adopted. Such a plan, in its final form, would be made to represent policies and assumptions which are unobjectionable to all appropriate Federal policy-making agencies. Reference to the plan would thereupon eliminate contradiction or duplication of the several Federal efforts in the field of information and propaganda, insofar as these efforts bear upon Japan.

2. Three main objectives, progressive in order of achievement, seem apparent in the consideration of psychological warfare against the Japanese Empire proper:

a. To exploit psychological factors which interfere with Japanese conduct of war, and which impair the Japanese will to fight.

b. To impair and retard Japanese economic and social activities which assist the conduct of war by Japan.

c. To lead to the surrender or collapse of the Imperial Japanese Government, or the overthrow of the Japanese military authorities, or both.

3. The first two objectives are at present achievable directly by psychological warfare, and indirectly by armed conflict. The third objective can only be realized by armed conflict, but the use of psychological warfare may hasten its attainment.

4. Except for air and maritime raids, the only operations which can be conducted by the United States at the present time within the Japanese Empire are operations of psychological warfare.

5. Owing to the sharp cultural differences between the Japanese and the peoples whose lands they have occupied, special plans will be required for each country in Occupied Asia. Such plans for the conquered areas should contain special provision for the Japanese constituting or accompanying the occupying forces.

6. The specific, immediate objectives of psychological warfare are:

a. To maintain, as between Japan and the United States, the highest possible standards of civilized warfare.

b. To persuade the Japanese people that their own interests are not identified with those of the present militaristic

RESTRICTED SECRET

「日本計画」の草稿（ラインバーガー文書、一橋大学附属図書館所蔵）

はじめの二つの目標は、心理戦争により直接的に、軍事行動によって間接的に達成可能であり、三つ目の目標は軍事行動によってのみ実現しうるものであるが、心理戦争によって早期達成が可能となる。現時点では、空襲と艦砲射撃を除くと、アメリカ合衆国が日本帝国内でとりうるのは心理戦争にもとづく作戦であるが、日本人と日本人が占領している土地のひとびととの間には顕著な文化的差異が存在するから、日本占領下のアジア各国では特別計画が必要であるとして、同草案には、心理戦争の特別かつ緊急の目的として、以下九項目があげられていた。

a. 日本と合衆国との間で、戦闘行動上、ヒューマニティならびに高度な文明的基準を相互に維持すること。

b. 日本のひとびと（people）に対して、かれらの利益は、日本の現行軍事政府の利益と同じではないから、普通のひとびとが、政府の敗北を、かれら自身の敗北ではないと感じうるように説得すること。

c. 日本国内に高揚と不安との断続的なサイクルを展開させ維持すること。

d. 天皇を戦争努力に反対する宣伝の象徴（a Propaganda Symbol）として使用しつつも国家神道（天皇崇拝）の特有の儀式の有効性に関する疑念を増大させること（To increase doubts concerning the validity of specific practices of State Shinto (Emperor-Worship), while using the Emperor as a propaganda symbol against the war effort.）。

e. 日本の支配階級の腐敗を助長し、日本国内でマルクス主義的または名目的ではなく真の階級闘争を促進すること。

f. 日本の少数派（minorities）についての日本人の懸念（apprehension）を極力利用し、こうした少数派の迫害の結果が、それぞれ特別なケースで一般的士気の障害として示しうる場合にはそう仕向けること。

g. 警察の自由な戦争努力の動員を妨害するために、日本国内の情報活動の負担を増加させること。

h. 中国人、共和主義的日本人（republican Japanese）、ほかの連合国の心理戦争機関と対日作戦を共同して行うこと。

i. 海外の日本人を対日分裂の象徴として利用し、適切な保護対策の下で、反日の攻撃的日本人の自発的グループのいっそうの発展を助けること。

さらにdに関しては、以下のことを行うことが必須であるとしている。

i. 神道を現代に適用するにあたっての疑問を呈するが、初期日本文化の興味ある要因として、歴史的神道を賞賛すること。

ii. 神道一般を批判することは避けるが、神道の特殊な慣習を列挙し、一つずつ批判すること。

iii. キリスト教の宣教師へは公的に激励があたえられるべきである。

iv. 天皇ヒロヒト（正しくは昭和天皇もしくは単に日本の天皇と言う）には、必要でなければ言及すべきではない。言及する場合には、平和と立憲政治（constitutionalism）の裏をかかれた不幸な友人として披露されるべきである（天皇は天皇信仰の焦点であるから、天皇を象徴（a symbol）と同一視しないこと（dis-identification）は信仰の全構造に動揺をもたらすことになろう。と同時に、実際の天皇を話題にする場合、丁重で思いやりのある政策をとれば、宣伝はより効果があろう——神道に関する宣伝について、ラジオ放送に適した材料はほとんどない。日本人ならびに被占領の中国・その他地域へのビラ、ちらしまたは簡単な本がより適切である)。

また、天皇に関しては、bの項目のなかでも説明されている。bを行うために必要不可欠であるとしてあげられているのはつぎの項目であった。

ii. 明治天皇(統治期間、一八六七―一九一二年)は、日本を平和裡に近代化し、立憲君主制を確立した(明治天皇は真の指導者の資質をもっていた近代唯一の天皇であった。息子の大正天皇は狂人であり、孫の昭和天皇はほとんど無能力である。したがって、明治天皇に注意を喚起することは、批判ならびに非難を超えた人物に注意を喚起することになり、現政権の批判として利用することができる)。

iii. 一八八九年制定の大日本帝国憲法を強調すること(一八八九年の帝国憲法は有効である。多くの版と伊藤〔博文〕に関する論評が合衆国で簡単に入手可能である。明治天皇によって日本国民に与えられたこの憲法は、形式上、維持されているが、精神上侵害されている。帝国憲法下の日本の内部組織は、ウィルヘルム二世(Wilhelm II)のヨーロッパ的君主制であり、擬似ナチズム(Pseudo -Nazism)とはいえない)。

iv．天皇が軍事指導者の犠牲になっていると述べること（宣伝の現段階では戦闘と心理戦争との特別に密接な相互関係が必要である。というのは、日本の軍事指導者は軍事的に逆境の場合の批判にもっとも弱いからである。このテーマを利用する場合、時期が知らされないと宣伝関係の機関に損害をあたえることもある）。

と説明されている。

ラインバーガーが、四月二十九日付の「日本とドイツ　差異」という文書のなかで、「日本に興味をもっているアメリカ人が理解できないのは、日本の誇り高い貴族的指導者とドイツを支配している不快な、育ちの悪い、ごろつきとを一緒にしていることである。この差異は驚異的である。疑いなく、正確な歴史的事実として、昭和天皇は、もっとも貴族的な人間である。〔中略〕偉大な明治憲法は完全に転覆の危機にあるが、日本政府は立憲政府である。ヒトラーは、憲法を非常に嫌悪しているので、ワイマール憲法を侮辱する楽しみのためにそのままにしている[21]」と述べているのが興味を引く。

以上に紹介したように、この「一九四二年五月五日付　第一草稿」ではじめて、天皇を日本の戦争努力を妨げるために利用するという考えが示されたのであった。同計画の写しは、ソルバート大佐によってＣＯＩ－ＦＩＳ、国務省（ホーンベック）、大統領補佐官（カリー）、陸軍省軍事情報部（MIS、ブラトン（Bratton）大佐）、情報調整局戦略家委員会（the Board of Strategists of the Coordination of

Information、ヘイデン（J. R. Hayden）博士）、経済戦争委員会（the Board of Economic Warfare ロード（Lord）大佐）、そして中国陸軍アタッシェ（シュー・シー　ミン（Chu Shih - Ming）陸軍少尉）に送付され、中国陸軍アタッシェを除く全員が、コメントの送付を要請されたことが資料から確認できる。(22)

四　「日本計画（五月十三日付　第二草稿）」

関係機関からのコメントを受けて改訂された「日本計画　一九四二年五月十三日付　第二草稿」（JAPAN PLAN Draft Basis for a detailed plan for propaganda into the Japanese Empire, May 13, 1942 WAR DEPARTMENT Military Intelligence Service Psychological Warfare Branch O. N. Solbert Colonel, G. S. C.）(23)では、三つの主要目標は前回計画と比較して表現が簡潔になり、

（1）日本人の軍事作戦を妨害し、日本人の士気をそこなうこと。
（2）日本経済の戦争努力を弱め、スローダウンさせること。
（3）日本の軍事的権威の信用を傷つけ、打ち倒すこと。

とされ、これらの三つの主要目標の「実行可能な目的のリスト」（a list of feasible objectives）は、五月五日付の第一草稿から「日本国内に高揚と不安との断続的なサイクルを展開させ、維持すること」が削除されて、八つとなった。

天皇に関する条項は繰り上げられ、「3．日本の戦争努力を弱めるために象徴としての皇位（ヒロヒトの名ではなく）に訴えつつ国家神道（天皇崇拝）と結びついた実践への信仰を傷つけること（To undermine belief in practices connected with State Shinto（Emperor – Worship）,while appealing to the Throne（but not the name Hirohito）as a symbol to weaken the Japanese war effort）」となっている。「日本計画　第一草稿」とは多少表現が変わっているだけである。

そして、このために最も重要な四つのことの一つとして「iv．天皇ヒロヒト（より正しく昭和天皇か、単に日本の天皇と呼ぶ）はヒロヒトという名で呼んではならない」として、その理由について、「天皇は天皇崇拝の焦点であるから、政治的・軍事的行動を正当化するために利用しうる象徴（a symbol）である。過去には、日本の軍事指導者は、かれらの軍事計画のために天皇の象徴的側面（the symbolic aspect）を利用した。それにもかかわらず、軍事的権威の批判を正当化し、平和への復帰状態を強化するために天皇―象徴（かれの名前でなく）を使用することは可能である。これが行われるなら、神性（godhood）ならびに天皇の無謬性に関する疑念を広く行きわたらせるという効果も部分的にもつであろうし、このことが、本質的に、日本の政治的安定性をそこなうことになろう[24]」と、五月五日の第一草稿よりいっそう詳細に述べられている。

この計画案は、五月十三日、七名に送付された。前回と比較すると、カリー博士（大統領府）、ホーンベック博士（国務省）、ブラトン大佐（ＭＩＳ）、ヘイデン博士（ＣＯＩ）、ロード大佐（経済戦争委員会、B.E.W.）は変わらないが、日本史の権威でイギリス人のジョージ・サンソム卿（Sir George

Bailey Sansom)、モウラー氏（戦時情報局）の二名が追加される一方、中国陸軍アタッシェは宛名から削除されている。

五 「日本計画（五月二十三日付 第三草稿）」

関係機関からの意見が寄せられ、織り込まれ、第三次案として「日本計画[25] 一九四二年五月二十三日付 第三草稿」が作成された。この計画では、これまでの当面の三つの主要目標に（4）日本を同盟諸国ならびに中立諸国から離反させること、という項目が付け加えられ、四つの政策目標（POLICY GOALS）が掲げられた。

宣伝目的（PROPAGANDA OBJECTIVES）としては、前回「一九四二年五月十三日付 第二草稿」より一つ増えて、つぎの九つが掲げられた。

1. 日本と合衆国との間で、高度に文明化された戦争行動の基準を維持すること。
2. 日本のひとびとにかれらの利益は、現在の政府の利益ではないから、普通のひとびとに政府の敗北は、かれらの敗北ではないことを示すこと。
3. 日本の指導者ならびに、ひとびとに、勝利は達成不可能で日本は他のアジア諸国の支持を取り付けることに決して成功しないことを示すこと。
4. 日本の階級間・集団間に分裂を助長すること。

5. 日本を枢軸諸国から離反させ、日本と中立諸国との間の難題を助長すること。

6. 日本の指導者の少数派に対する恐れ（fear）を利用し、その結果が士気を傷つけるか、効率を減じるか、もしくは両方の場合、いつでも指導者が少数者を迫害するように煽動すること〈少数派の活用〉。

7. 警察官僚が日本人の戦争努力を妨げるように、日本国内での対情報活動を増大させること〈国内スパイ対策〉。

8. 日本人の経済的困難を増加させること。

9. 中国人、共和主義的日本人、その他の連合国の心理作戦機関と反日作戦を共同して行うこと〈中国人、共和主義的日本人の活用〉。

2の項目説明のなかで「天皇が軍事指導者の犠牲になっていることを述べること。」は、前回「一九四二年五月十三日付　第二草稿」と全く変わっていないが、前回計画と比較すると、「3. 日本の戦争努力を弱めるために象徴としての皇位（ヒロヒトの名ではなく）に訴えつつ国家神道（天皇崇拝）と結びついた実践への信仰を傷つけること」、「8. 海外の日本人を利用し、日本人が一枚岩ではないことを示し、日本人の自発的な反逆グループの広がりを助けること」の二項目は削除され、あらたに上記項目の3、5、8が付け加えられた。

天皇については、「計画」末尾の「特殊かつ注意を要する提案（Special and Cautionary Suggestions）」中の項目「Ⅱ．天皇」に移された。その内容は、前回計画の3とほとんど同一であるが、さらに「Ⅲ．皇室の伝統」という項目が付け加えられたので、Ⅱの主要部分と、Ⅲの全文を下記に掲げる。

Ⅱ．天皇（the Emperor）

天皇ヒロヒト（より正しくは昭和天皇か、単に日本の天皇と呼ぶ）は、ヒロヒトという名で呼んではならない。称号もしくは肩書きで呼ぶ場合には、天皇ヒロヒトは平和と立憲政治にとって都合の悪い不幸な友として披露される。

天皇は、天皇崇拝の焦点であるから、政治的・軍事的行動を正当化するために利用しうる象徴（a symbol）である。過去には、日本の軍事指導者は、かれらの軍事計画のために天皇の象徴的側面（the symbolic aspect of the Emperor）を利用した。それにもかかわらず、軍事的権威の批判を正当化し、平和への復帰状態を強化するために天皇―象徴（かれの名前でなく）を利用することは可能である。これが行われるなら、神性（godhood）ならびに天皇の無謬性に関する疑念を広く行きわたらせるという効果も部分的にもつであろうし、このことが、本質的に、日本の政治的安定性をそこなうことになろう。

Ⅲ．皇室の伝統（the Imperial Tradition）

日本の軍国主義者は、客観的に考慮した場合、日本国民にとって顕著な国家資産であった皇室の伝統を危険にさらしているという事実を、情報にもとづいた洗練された方法で、時々、言及すれば価値があろう。軍国主義者は四大国に対するむこうみずな戦争によって、皇室の伝統の破滅ならびに日本の政治文化の平静な成長の中断という危険をおかしてしまった。

以上のような内容をもつ「一九四二年五月二十三日付　第三草稿」は、五月二十五日、関係機関に発送され、コメントを要請された。そして、つぎの「日本計画（最終案）」が作成された。

六　「日本計画（最終案）」

「日本計画　一九四二年六月三日付　最終案[26]（JAPAN PLAN（FINAL DRAFT）June 3, 1942）」は、これまでの「日本計画」の集大成であったが、下記の六項目から成っていた。

Ⅰ．宣伝の政策目標——当面の宣伝作戦の目標
Ⅱ．宣伝目的——敵の心に伝達し定着されるべき宣伝の要点
Ⅲ．宣伝の論題——宣伝目的の達成に使用されるべき主張・議論
Ⅳ．作戦と議論についての一般的な論評
Ⅴ．関連する日本人の特徴
Ⅵ．特殊かつ注意を要する提案

まず、「I．宣伝の政策目標（POLICY GOALS）」は、陸・海軍の戦略を考慮して心理戦共同委員会（委員長は陸軍省情報部心理戦課長ソルバート大佐）によって合意されたもので下記の四つは、前回の「五月二十三日付　第三草稿」と全く同一である。

1．日本人の軍事作戦を妨害し、日本人の士気をそこなうこと。
2．日本人の戦争努力を弱め、スローダウンさせること。
3．日本の軍事的権威の信用を傷つけ、打ち倒すこと。
4．日本を同盟諸国ならびに中立諸国から離反させること。

I．宣伝目的（PROPAGANDA OBJECTIVES）」では、宣伝目的はつぎの八つになった。

1．日本人に政府の公式声明ならびに日本国内のほかの合法的情報源への不信を増大させること（新規）。
2．日本と合衆国との間で、戦争行動の文明的基準を維持すること。
3．日本のひとびとに、かれらの利益は、現在の政府によっては、かなえられないので、普通のひとびとに、政府の敗北はかれらの敗北ではないことを示すこと。

4. 日本の指導者ならびに、ひとびとに、永続的勝利は達成不可能であること、日本は、他のアジア諸国の支持を取り付け、維持することができないことを納得させること。

5. 日本の階級間・集団間の分裂を助長すること。

6. 内部の反逆、破壊活動、日本人、外国人を問わず日本国内の少数派集団による暴力事件・隠密事件への不安を利用し、日本人のスパイ活動対策の負担を増大させること。(前回案の「6. 少数派の活用」、「7. 国内スパイ対策」、「9. 中国人、共和主義的日本人の活用」がまとめられた)

7. 日本を枢軸諸国から離反させ、日本と中立諸国との間の難題を助長すること。

8. 日本の現在の経済的困難を利用し、戦争継続による日本経済悪化の進行を強調すること。

すでに述べたように、ラインバーガーは、戦後の著書『心理戦争』で、心理作戦では敵を限定することが有益であり、対日作戦では「軍国主義」および「ファシスト達」を「第一の敵」とし「和平の相手となるべき天皇と国民とは埒外に置いた」と説明していた。最終案において、この論題がどのように扱われているかを検討してみよう。

まず、「III. 宣伝」の3では、将来を展望して「政府〈現在の軍事政権〉と日本の普通のひとびととの間に分裂をつくりだすために」天皇を軍事政権から切り離すことが必要不可欠であるとしたうえで、「a. 日本人に対して、現在の軍事指導者が、明治天皇〈統治期間一八六七—一九一二〉の敷いた行程から、はるかに逸脱し、現在の天皇の望むところとは反した行動をとっていることを指摘すること。明治天皇の誇り、かれの擬似立憲主義（his quasi-constitutionalism）、かれの親英的な政策が――かれの拡張主義（his expansionism）ではなく――強調されるべきである」と述べている。そして「現在の天皇が本当に望むところを示すにあたって、（国務省から示唆された）つぎの諸点が利用できる」としてあげている。

1. 天皇は陸軍の満州侵略を防止するために、一九三一年十一月に勅令を発布しようとしたが、狂信的軍国主義者とは違った考えをもっている天皇に近い指導者に対し、狂信的愛国主義者による暗殺が広く行われるのではないかと恐れた。
2. 天皇は松岡〔洋右〕が一九三二年にジュネーブに発つ前に、もっとも望まないことは民主主義諸国との断絶だとかれに告げたが、松岡は軍事指導者の手先だったので天皇の望むところを実現しなかった。
3. 天皇は日独伊三国同盟の締結前には反対であったが、締結を阻止できなかったとき、平和を望んでいることを強調した。

こうして、現在の天皇が「平和を望んでいる」ことを知らせようとする。さらに、ローズベルト大統領の天皇宛親書に関しても軍事指導者が介入して手渡されなかったと宣伝することができるとしている。

続けて、「b．一九四一年十二月六日の天皇宛大統領のメッセージが不適切にも届けられなかったことを示すこと」では、つぎのように述べている。

国務省は、うわさによれば、十二月八日、午後一時東京時間（十二月七日、午後十一時ワシントン時間）に、グルー大使から、外務大臣が天皇によって命令された口頭のステートメントを引用した電信を受領した。天皇は、外務大臣から、野村大使が十二月七日に国務長官に手渡した覚書が、大統領に対する天皇の回答であるという天皇の意向が伝えられた。日本の外務大臣の声明を考慮すると、十二月六日に、天皇に送られた大統領のメッセージが手渡されなかったという声明を実証するのはむずかしいようである。しかし、宣伝目的からは、天皇がメッセージを受けとってはいなかったにちがいないか、もしも受けとっていても合衆国を攻撃するという軍国主義者がすでに到達していた結論を天皇が変更するのを許されなかったという主張を公表しうる（国務省によって提供されたデータ[27]）。

さらに、「c．天皇は、現在でも軍国主義指導者によって犠牲になっていると述べること」では、「天皇は、日本人にとっては、西洋諸国が国旗（the national flag）と考えているのと同様に考えられているので、天皇が戦争を引き起こすのにあずかって力があったと述べることは、不利な宣伝効果をもつ。」とし、天皇＝国旗＝象徴であると主張している。

したがって、「d．われわれの中国人あるいは日本人の協力者は天皇に関して批評（comments）するかもしれないが、西洋人には受け入れがたい」のである。「明治天皇は、真の指導者の資質をもっている近代、唯一の天皇であった。息子、大正天皇は狂人であったし、かれの孫、現在の昭和天皇は、ほとんど無能力である。したがって明治天皇に注意を喚起することは、批評ならびに非難を超えた人物に注意を喚起することになり、体制（regime）への批判に利用することができる。」

続けて「e．一八八九年の大日本帝国憲法の条項を引用すること」では、「人権条項と擬似議会制政府条項を引用すること」、「f．日本の軍部は、日本のひとびとを騙しているし、ドイツ・ナチスは日本の軍部を騙していることを示唆すること」、「g．伝統的な、アメリカのひとびとの日本のひとびとに対する一九三一年以前の友情を述べることができる」、「h．日本人が、戦前そして現在のアメリカのルールの下で優遇され、幸福である状況を考えてみること」、「i．民主主義の世界とは、日本人が連合国の宣言にもとづいて、再加入するために価値ある候補者として再び加入できる繁栄する、人間的な世界である、という事実にもとづいた、賞賛に値するテーマを用いること」、「j．日本人に民主的な平和が安楽と繁栄をもたらすことを説得すること」では、「民主主義というものは、政治的であるとともに経済的なものであり、軍国主義者の独占が転覆され、通商と旅行が自由になれば、普通の日本人が自由で正直な生活を送ることができることを示すこと」と述べている。

「日本計画」は、さらに、「VI．特殊かつ注意を要する提案」のなかでも、天皇の象徴性をつぎのように論じている。

Ⅲ．天皇

天皇ヒロヒト（正しくは日本国天皇と言及される）は、ヒロヒトという名前で呼んではならない。肩書で言及されると、平和ならびに立憲政治の不幸な友人として披露される。

天皇は天皇崇拝の焦点であるから、天皇は西洋における国旗と同じように名誉ある象徴（a symbol – honored as are national flags in the West）であり、政治的・軍事的行動を正当化するために利用しうる。過去に、日本の軍事指導者は、かれらの軍事計画のために、天皇の象徴的側面を利用した。それにもかかわらず、天皇―象徴を（かれの名前でなく）軍事当局の批判を正当化し、和平への復帰の状況を強化するにあたって利用することも可能である。もし、こうしたことが行われるなら、天皇の神性ならびに無謬性に関する懸念を部分的に広める効果をもつであろうし、本質的に日本の政治的安定性を傷つけることになろう。

上に述べたいくつかの宣伝目的に関連して、天皇を利用することは非常に有用であろう。中国人からは、日本人の天皇観が反駁できないわけではないとの目的で、天皇に対する攻撃が要請されることも、ときにあるかもしれない。例えば、天皇は普通の、むしろ愚かな人間であるという攻撃―主張は、西洋人からよりは、極東のひとびとからより多く出てくるであろう。

Ⅳ．皇室の伝統〔The Imperial Tradition〕

日本の軍国主義者は、客観的に考えると、日本のひとびとにとって、顕著な国家的資産（national asset）であった皇統を危険にさらしているという事実に対して裏付けがあり、洗練されたやり方で価値ある論及が、ときに行われるかもしれない。合衆国、イギリス、中国に対するむこうみずな戦争、そしてソ連との差し迫った戦争によって、軍国主義者は、こうした皇室の伝統の破滅の危険をおかし、日本の政治的文化の不断の成長の中断に直面している。

以上に示したように、「日本計画（最終案）」は、これまでの「日本計画」の集大成であり、アメリカ人（「西洋人」）の立場からの、アメリカの国益にもとづいた冷静な天皇制利用論と考えることができる。天皇制と天皇個人とは、はっきり分けて考えている。明治天皇が立憲君主であったとは考えていないから、擬似立憲主義という表現を用いているが、それでもかれの拡張主義ではなく、かれの親英的な政策を強調すべきであるとしている。昭和天皇が平和愛好家である事例を述べているが、昭和天皇は能力が劣ることもよく知っている。昭和天皇は、軍事的指導者の犠牲となっているし、日本のひとびとは、軍事指導者にだまされていると指摘している。

このように、「日本計画」は、この時点で、すでに戦争の勝利を確信していたアメリカ人の多数派が、天皇と日本のひとびとを和平の相手として考えていたことをよく示していたといえる。以下では、このようにしてとりまとめられた「日本計画」がこのあと主としてドノバンCOI長官とのやりとりを通じて、どのような経過をたどったかを検討する。

□ 注

（1） P. M. A. Linebarger. Psychological Warfare（Washington : Infantry Journal Press, 1948）, p. 89. ラインバーガー、須磨弥吉郎訳『心理戦争』みすず書房、一九五三年、一〇七頁。

（2） Eustace Mullins. *The World Order Our Secret Rulers*（VA : Ezra Pound Institute of Civilization, 1992, p.133）. ユースタス・マリンズ、太田龍解説、天童三郎訳『世界権力構造の秘密』日本文芸社、一九九七年、二三七頁。

（3） William Stevenson. *A Man Called Intrepid*（New York and London : Harcourt Brace Jovanovich, 1976）p. 32.

（4） Linebarger, *Ibid*., p. 90. 前掲訳書、一〇九頁。

（5） Robin W. Winks. *Cloak and Gown* : Scholars in the Secret War, 1939 – 1961（New Haven & London : Yale University Press, 1987）, p.70. 専門家は、ハーバード大学歴史学部長ランジャー（William L. Langer）、プリンストン大学高等学術研究所アーリィ（Edward Mead Earle）、ハーバード大学メーソン（Edward S. Mason）、ミシガン大学ヘイデン（Joseph Hayden）、デューク大学フーバー（Calvin Hoover）、ハーバード大学マッケイ（Donald Mc Kay）、エール大学ロジャース（James Grafton Rogers）、ミシガン大学ハートショーン（Richard Hartshorne）であったが、理事会は、枢機卿の大学（the College of Cardinals）と呼ばれた。

（6） Linebarger, *Ibid*., p. 91. 前掲訳書、一〇九頁。

（7） Thomas E. Mah. *Desperate Deception British Covert Operations in the United States*, 1939 –44（Dulles, Virginia : Brassey's 1999）, p.58, p.200. シャーウッドは、『我等の生涯の最良の年』という映画（一九四

七年度最優秀映画賞受賞）のシナリオライターであり、著書 Roosevelt And Hopkins An Intimate History (New York: Harper and Brothers, 1948). 邦訳『ルーズヴェルトとホプキンズ（ⅠⅡ）』（みすず書房、一九五七年）は、名著といわれている。

（8）Linebarger, *Ibid*., p. 91. 前掲訳書、一〇九頁。

（9）Linebarger, *Ibid*., p. 91. 前掲訳書、一一〇頁。

（10）Linebarger, *Ibid*., p. 91, p. 93. 前掲訳書、一一〇頁。

（11）Linebarger, *Ibid*., p. 93. 前掲訳書、一一〇頁。

（12）Linebarger, *Ibid*., p. 93. 前掲訳書、一一一頁。

（13）Linebarger, *Ibid*., p. 94. 前掲訳書、一一一頁。

（14）Papers written during World War Ⅱ. P.610. 以下ラインバーガー文書（2）と記す。

（15）Joint Anglo-American General Policy Outline for Japan and Japanese Occupied Territories, May, 1942. ラインバーガー文書（2）。pp. 466 – 469.

（16）アメリカ人は対日心理戦争と呼ぶが、イギリス人は対日政治戦争という。

（17）ラインバーガー文書（2）。p. 1723.

（18）JAPAN PLAN（FIRST DRAFT OF MAY 5）ORIENTATION PLAN FOR PSYCHOLOGICAL OFFENSIVE DIRECTED JAPAN. ラインバーガー文書（2）。p. 1723.

（19）ラインバーガー文書（2）。pp. 228–244, 245X.

（20）ラインバーガー文書（2）。p. 1724.

（21）ラインバーガー文書（2）。p. 212.

（22）ラインバーガー文書（2）。p. 1724.

（23）ラインバーガー文書（2）。pp. 251–271. 当初は"SECRET"扱、一九四六年一月二十一日"RESTRICTED"扱に変更。

（24）ラインバーガー文書（2）。pp. 262, 263. なお、そのほかの最も重要なこととしては、

a. 歴史的神道を初期日本文化の興味ある一つの要素として賞賛するが、神道を現代に適合させることについての妥当性に関しては疑問を呈する。

b. 特殊な神道の儀式を列挙し、一つずつ批判を加えるが、神道一般を批判することは避ける。

c. キリスト教の宣教師は公式に激励されるべきである。

があげられている（ラインバーガー文書（2）。p. 262.）。

（25）ラインバーガー文書（2）。pp. 281–317.

（26）JAPAN PLAN（FINAL DRAFT）June 3, 1942. Psychological Warfare Branch Military Intelligence Service WAR DEPARTMENT SECRET. United States. National Archives and Records Administration. *Records of the Office of Strategic Services, Washington. Director's Office Administrative Files, 1941 – 1945.* Reel 62. 一橋大学図書館〔MF–800–62〕米国国立公文書館（NARA）所蔵米国戦略情報局（OSS）ドノバン長官文書。以下ドノバン長官文書と記す。ラインバーガー文書にはカバーレター（p.321）のみが残っていて（pp. 322–358）、本体の部分はラインバーガーによって切除され、存在しない。ラインバーガー文書（2）にあるのは、「日本計画（最終案）」の要約〔Digest of the JAPAN PLAN（FINAL DRAFT）〕pp.1727–1730. である。

（27）ローズベルト大統領からの親電は、十二月七日の正午、東京中央電信局が受信したにもかかわらず、グルー大使がこれを手にしたのは夜の十時三十分であり、実際に東郷外相が天皇に親電を届けたのは、夜中二時三十分と三時十五分の間であった（井口武夫『開戦神話　対米通告はなぜ遅れた

のか』中央公論新社、二〇〇八年、一七七頁)。参謀本部通信課参謀戸村盛雄少佐が、自分の判断で、十時間以上遅らせたからである。戦後、アメリカは軍事指導者が親電を遅延させたのではないかとして、一九四六年七月、戸村盛雄少佐を極東国際軍事裁判所で証言させた。瀬島龍三「太平洋戦争第二部　敗れたシナリオ」『東京新聞』一九九五年二月二十二日付。戸村盛雄「遺稿　昭和天皇への親電をなぜ私は遅らせたのか」『諸君』一九九二年二月号。須藤真志『真珠湾〈奇襲〉論争』(講談社、二〇〇四年)、「十章　ルーズベルト親電問題」を参照。

第三章　「日本計画」の検討

一　政府部内での検討

ソルバート心理戦共同委員会（ＪＰＷＣ）委員長は、ドノバンＣＯＩ（情報調整局）長官に、一九四二年六月三日付書簡[1]で、日本計画の最終案（JAPAN PLAN（FINAL DRAFT）June 3, 1942）と要約版（Digest of THE JAPAN PLAN（FINAL DRAFT）June 3, 1942）を同封し、「本計画の策定にあたって、貴スタッフのシャーウッド氏、ヘイデン氏、リーマー氏、マッケボイ氏などに資料の点で非常にご助力いただいた」と述べ、六月十日（木）午後二時、統合参謀本部ビルで開催予定の「日本計画」の最終打合わせ会に代表派遣を要請した。

同書簡に対してドノバンＣＯＩ長官は、六月十日付のソルバート大佐宛の書簡[2]で、「日本計画」の主要テーマとなっていた天皇制については触れず、残念ながら委員会には出席できないが計画を読んだ印象を簡単にお知らせするとして、以下の二点についてきびしい批評を述べた。

1．計画は、連合国と共同で対日政治戦争活動を同時に進行させる必要性に言及しているが、そうするための手続きがなんら示されていない。こうしたことは、両者間の時々の協議によっては達成できない。われわれがイギリス代表と策定した対日政治戦争作戦のための共同提案〔日本と日本占領地域のための英米共同一般政策のアウトライン　一九四二年五月〕は、こうしたことを念頭に置いていた。提案された計画にもとづいて共同もしくは並行の行動に関して同意を得ようとすれば、大幅な遅れが見込まれよう。共同提案を考慮し、それにもとづいた変更をイギリス側に通知し、共同提案を含む完全な計画を策定するのが妥当な手続きのように思う。

2. 計画それ自体についていえば、目的が明瞭ではない。われわれの経験によると、こうした接近方法は、一般的に不十分なものだが、特に日本の場合には不十分である。おそらく日本は、ほかのどの国よりも直接の宣伝攻撃に対して抵抗力がある。ラジオによる宣伝は、日本人には、ほとんど効果がないのがわかっているので、われわれは、間接的な攻撃手段をみつけようとした。例えば、経済的宣伝は、日本占領地に対する日本の影響力を弱体化させることによって、日本を弱体化させることができる。要するに、提案の弱点は、戦略的目的を手段の状態に関係づけるのに失敗したことにある。

もし、1で述べた手続きを選ばないなら、必要な戦略的結果だけを掲げた非常に圧縮した計画を策定した方がいいであろう。

六月十日の委員会には、ドノバン大佐の指示によって、COIからは、ヘイデン氏と、バクストン大佐（Colonel G. Edward Buxton）が出席、ヘイデン氏はドノバン大佐のソルバート大佐宛書簡を手渡した。会議メモ(3)によると、共同もしくは並行計画、各機関がその範囲内で作業する明確な言葉で定義された枠にもとづく行動の同時進行は、計画を実行する責任を負う米英機関の間の緊密な関係によって保証されるべきだということが合意された。

書簡の二つ目の点、すなわち、対日心理戦は、日本本土でよりも、日本占領地域でより用いられるということに関しては、ソルバート大佐が、占領地の心理戦は共同心理戦委員会の職務ではなく、マッカーサー将軍、ウェイベル将軍のようないくつかの戦域の司令官の職務であると述べた。計画に関しては、かなり議論されたが、海軍情報部（ONI）、陸軍参謀二部（G－2）、COIからの現行の諜報（Intelligence）にもとづく毎週の指令があるべきである、すなわち、計画の戦略は、これらの指令にもとづくべきで、戦術は同一の機関からの毎日の指令にもとづくべきであるということで意見が一致し、宣伝は、現行の軍事戦略と関係し、現行の軍事諜報に裏付けられなければならないとされた。

この会議メモには記録されていないが、ラインバーガー文書によれば、シャーウッド氏は、ここではじめて、先に示した「日本と日本占領地域のための英米共同一般政策のアウトライン」があることを明らかにした。委員会のアメリカ人委員の大半は、シャーウッド氏とＣＯＩ－ＦＩＳにはイギリスとの協定を締結する権限がないと感じていたが、外国の代表の前で米国政府部内の論争を取り上げるのを望まなかったと述べている。また、ＣＯＩの代表は、各極東地域の地域計画という問題をもち出した。すなわち、一般極東計画を考慮する場合には地域計画の完成を待たなければならない、さもないと、各地域情勢が必要とする仕事が一般計画では考慮されないというのである。シャーウッド氏とサンソム卿は、一般計画はそもそも地域計画における行動の余地を許すくらい一般的性格をもつべきことに合意していたのだから、すでにイギリス側で受け入れられていた計画をアメリカ側としても承認してもよいと考えていたと述べたが、結局、心理戦争課の「日本計画（最終案）」も、シャーウッド案も採用されることなく委員会は解散した。(4)

なお、会議メモによると、出席者は、国務省からマクダーモット（Michael Mc Dermott）およびサリスベリー（Laurence Salisbury）、陸軍省軍事情報部極東担当・ペティグリュー大佐（Col. M. W. Pettigrew）、経済政策委員会・ターナー博士（Dr. Ralph Turner）、陸軍作戦部（ＯＰＤ）・マクダニエル中佐（Lt. Col. Edward H. Mc Daniel）、海軍情報部・マッカラム中佐（Commander A. H. Mc Collum）、心理戦争課からソルバート大佐、ランドルフ少佐（Major Innes Randolph）、ラインバーガー、情報調整局からバクストン大佐およびヘイデン、海軍作戦課長・ビェリ大佐（Capt. Bieri）であった。ただし、ラインバーガー文書(5)には、「委員会にはドノバン大佐自身が出席し、国務省のホーンベック博士は、サリスベリー氏とともに出席した。ジョージ・サンソム卿は、合衆国政府の調査統計局と、イギリス政府の政治戦争局を代表するというあいまいな二重の資格で出席した」とあり、前述のようにシャーウッドも出席して発言している。ドノバン大佐が欠席したのは間違いないにもかかわらず、ラインバーガーがドノバン大佐が出席したと書いているのは理解に苦しむ。

対外情報宣伝組織のところで説明しておいたように、この会議直後の六月十三日、大統領直属のCOIは、統合参謀本部傘下のOSS（戦略情報局）に改組され、ドノバンが戦略情報局長に就任した。なお、ホワイト・プロパガンダの専門機関として分離されたOWI（戦時情報局）はエルマー・デイビスが局長となり、ソルバート大佐およびラインバーガー博士は、八月に同局の配属となった。

ソルバート大佐は、ドノバンOSS局長宛六月二十三日付書簡(6)で、六月十日付のドノバン大佐の「日本計画」（最終案）に対する批判に対して、「この特別な一般計画は、対日本を目的としている。作戦上の戦域（Theater）である日本の占領地における心理戦争は司令官の職務である。こうした地域に対する宣伝計画は、本土からの司令官の軍事計画と調和するように、各戦域の司令官の承認を得なければならない。勿論、われわれは、現在、対日宣伝が困難なことを知っているが、基本計画を用意し、対日宣伝が受け入れられるときに備えて、技術ならびに手段に関する経験が必要である」と回答した。

「日本計画」（最終案）は、六月十五日に心理戦共同委員会によって承認され参謀本部に送付されたが、六月十三日の組織変更（COI（情報調整局）のOSS（戦略情報局）とOWI（戦時情報局）への分割）

のため、そこに留め置かれた。その後、同案はＯＳＳ局長ドノバン大佐の主宰する心理戦共同小委員会（JPWC Subcommittee）で、ほかの案とともに検討された。すでに見たように、ドノバン大佐とソルバート大佐の「日本計画」に関する考え方には相違があり、ソルバート大佐がＭＩＳ（陸軍参謀二部心理戦争課）からＯＷＩに移籍したため、問題は組織間の軋轢の様相を呈し、このあと一九四二年八月十八日開催の心理戦共同小委員会で、ソルバート大佐は、「日本計画」（最終案）を委員会から引き上げ、国務省およびＰＷＥ（政治戦争本部）と共同でＯＷＩとして新しい計画を策定し、統合参謀本部の承認を得ることを言明することになる。

この過程でドノバン大佐はＯＳＳにソルバート大佐の「日本計画」（最終案）への対案を提出させ、さらに連合国軍南西太平洋総司令官マッカーサー将軍の意見を聴取すべきだと主張して委員会の同意を得、マッカーサーの回答を得るや、それをパラフレーズしてかなり強引に自分の意見の根拠として利用することになる。こうしたドノバン大佐の態度は、ＣＯＩ長官に任命されるに先立ってローズベルト大統領の命令でイギリスに派遣され、イギリスの諜報分野での第一人者イギリス諜報部将校ウィリアム・スティーブンソン（William Stephenson）と親密な関係にあったことも手伝って、諜報分野では、自分がアメリカで第一人者であるという自負をもっていたことによると考えられる。(7)

二　ＯＳＳの暫定案

一九四二年七月九日の小委員会でのドノバン大佐の提案を受けて、ＯＳＳのエドモンド・テイラー（Edmond C. Taylor）は、七月十六日付で、「対日心理戦暫定案」（Proposed Temporary Plan for Psychological Warfare against JAPAN）を作成し、七月十七日の小委員会に提出した。テイラーが作成した同日付の「対日心理戦戦略計画の修正草稿を提案するにあたっての小委員会のための説明用コメント」（Explanatory Comments for the Sub-Committee on Revised Draft of Proposed Strategic Plan of Psychological Warfare against Japan）は、イギリス側との心理戦立案の経験から、枠組みとしては一般的な計画に価値があると述べている。このことからも分かるように、「修正草稿」はつぎのように「目的」だけを述べたものとなり、ソルバート大佐が提出した「日本計画」（最終案）の要約は、「付録」として取扱われることになった。

《1　目的》

a．短期　日本の物理的・道徳的資源の消耗を増大させるために

i．アジアの占領地域および南西太平洋における現地人の抵抗と、これらの地域の軍事統合と経済的搾取を妨げるために、日本人の現地人への嫌疑を刺激する（付録A参照）。

ii．ゲリラ攻撃の実際の、想像上の脅威によって、占領地域の日本の戦闘部隊を困らせる。

b．長期

i．連合国の攻撃とともに、アジアおよび南西太平洋の征服されたひとびとの大規模な暴動を準備する（付録B参照）。

ii．日本の現在の政府に対する革命的運動を準備するか、敵対する派閥の間で内戦を促進する（付録C参照）。

《2　目的達成の方法》

a．現地人の抵抗を系統的な方法で組織し、つぎの目的への抵抗を指導することを狙った占領地域の転覆作戦

i．日本の人的資源の消耗、

ii．日本の戦争経済、特に輸送力を弱めること。

資料によれば、「対日心理戦暫定案」が小委員会に提出されたあと、七月二十三日、コノー中佐（LT. Col. Connor）が、「日本計画」はＯＷＩによる宣伝計画に限定すべきではないかと意見を述べたのに対して、ドノバン大佐は、すでに大統領は特に戦域では宣伝をコントロールする方法に関して統合参謀本部と協議することに同意しているとして、心理戦共同委員会が宣伝を含む心理作戦計画を策定し、統合参謀本部の承認を得るべきであり、心理戦共同委員会がイニシァチブを執り、ＯＷＩに実行させるのがよいと指摘した。(8)

翌七月二十四日、ドノバン大佐は、現在、緊急事態でなければ、委員会は、心理戦の全般的計画が承認されるまで結論を待つべきではないかと述べると、レッドフィールド大尉（Captain Redfield）

は、緊急事態が現に存在しており、委員会は戦域の司令官を助けるために適正な基礎知識を準備するために、作業を継続すべきだと述べた。そして現段階では日本本土を弱体化させるには、ほとんどなにもできないが、日本の占領地域では多くのことが可能かもしれないということで意見が一致した。このことに関連してコノー中佐は、日本軍はいくつかの戦域を占めているために、宣伝は統合参謀本部による戦域間の調整が必要であるから、宣伝計画を本土からの援助なしで戦域司令官だけで実行することはできないと指摘した。また、レッドフィールド大尉が、日本軍占領全地域での直接的破壊活動と日本軍の経済的利益を妨害することが使命だ、と述べると、ドノバン大佐は、これは特にマッカーサー将軍の問題であるから、われわれがなしうる最善のことは、適正な方法を使用し、適正な援助を組織することができる諜報員（agents）を派遣することだ、と示唆した。[9]

この検討を受けて、七月二十九日、コノー中佐は、マッカーサー将軍宛に、心理戦の分野で、どのような活動が行われているかの報告を求めるメッセージが送られたと報告した。[10]

三　マッカーサーからの電信回答

ダグラス・マッカーサー将軍は、一九四一年七月二十六日付で極東陸軍司令官に就任していたが、太平洋戦争勃発後、日本軍の侵攻で、翌四十二年三月十一日、フィリピンからオーストラリア（ブリスベーン）に脱出を余儀なくされた。四月十九日には、連合国軍南西太平洋最高司令官に就任した。マッカーサーは、フィリピンでは、たびたび兵力・武器・食糧の救援を求めても埒があかず、[11]苦戦を強いられ、しかもマッカーサー自身、バターンの兵士を見殺しにしようとしているという日本軍の宣伝ビラを見ており「恐るべき効果」をあげているこの「敵宣伝攻勢」に対抗する処置をとるべきであると陸軍省に進言していたから、[12]心理戦の重要性をよく理解していた。

第二次大戦後、GHQでマッカーサー連合国最高司令官の幕僚として、天皇裕仁の戦争責任免責で大きな役割をはたしたボナー・フェラーズ（Bonner F. Fellers, 1896–1973）も、大戦中は心理戦で活躍した人物である。一九三六年には、フィリピンに派遣され、マッカーサーとケソン大統領の連絡係をつとめていたことがある。一九四二年七月にはOSS計画本部に勤務していたので、ソルバート大佐の「日本計画」などについても連絡を受けており、一九四三年二月二日付のドノバン局長宛覚書では「ほとんどの軍事的な努力がヨーロッパに傾注されるため、当面アメリカが極東でもつ唯一の武器は心理作戦である[13]」と述べている。後述するようにマッカーサーは、一九四二年八月五日、OSSからの人材派遣を断ったが、一九四三年九月にフェラーズがオーストラリアのマッカーサー司令部に派遣されると、マッカーサーによって統合計画本部長に任命された。その後、一九四四年六月、「ホランディア作戦」（ニューギニア）の成功後、フェラーズはマッカーサーの「軍事秘書」となり、さらに、心理作戦部（PWB）部長に任命された。当時、「生きて虜囚の辱めを受けず、死して罪過の汚名を残すこと勿れ」（「戦陣訓」）にもとづく日本兵の玉砕戦術に悩まされていたフェラーズは、一九四四年八月、「南西太平洋地域における心理作戦の基本軍事計画」を立案、投降を促すビラやパンフレットを作成、散布して大きな効果をあげた。フェラーズによれば、フィリピン戦で投降した約一万二八〇〇人の日本兵のうち四分の三が、ビラを読んで降伏を決断したという[14]。

しかし、マッカーサー将軍は、電信(一九四二年八月五日発信、八月六日着信〔二頁〕[15])で、つぎのようにOSSからの人材派遣を断った。

宣伝、対抗宣伝、破壊ならびにゲリラ戦を含む対日心理作戦計画は、あきらかに、イギリス政府がオーストラリア政府に対して最近提示した共同政治戦争計画の対照物である。〔中略〕本計画〔日本計画〕は、枢軸国間に利益の葛藤をつくり出すこと、占領地域における暴動の扇動、日本人の部門間の嫉妬、社会的、宗教的、政治的、民族的相違の利用、また、経済戦争、敵の財政制度の破壊活動を含む広範囲の宣伝ならびに対抗宣伝を含むものである。

こうした活動の大部分は、いくつかの連合国の民間部門の社会的・政治的政策によって影響を受け、戦後の決定に関する連合国政府間の了解と関係するから、私は、

1. 連合国政府の民間部門は、深い関係がある。
2. 本計画は、ワシントンもしくはロンドンで共同で管理されなければならない。
3. 軍事情報ならびに軍事作戦に付随するスパイ、破壊、ゲリラ活動は、安全・効率上、別としなければならないと確信している。

と述べた。そして、

「連合国情報部〔の活動〕は、当司令部（this headquarters）では、政治作戦とからむのを避けるため、軍事目的のために行う。当司令部は、軍事活動に付随する破壊的ならびにゲリラ作戦を取扱う準備をしている。さらに、軍事作戦に付随する限られた隠密宣伝（Covert Propaganda）を取扱う準備をしている。こうした使命に必要な設備は、当地で利用できるし、製造可能である。必要であれば、追加は要求する。」と現状を説明し、「当司令部は、オーストラリアと政治もしくは心理戦争に関して、連絡を維持し、必要な軍事情報を提供し、書かれた宣伝（written propaganda）の散布の設備、要請があれば他の材料、人員を提供するだけである。心理戦争に直接携わる人員を当地に派遣することは不適当である。」

と回答してきた。八月十三日、ドノバン大佐は、マッカーサー将軍の電信回答を分析した下記の覚書き[16]（一九四二年八月十三日、七頁）を提出した。

1. マッカーサー将軍は、宣伝をあきらかに心理（もしくは政治）戦争と同義に使用しているが、心理戦共同委員会の見解によれば、心理戦は宣伝、破壊作戦、その他手段の共同使用にもとづく特別な型の戦略である。

2. マッカーサー将軍は、この計画〔日本計画〕は、ワシントンもしくはロンドンで調整され指導されなければならない、なぜなら、いくつかの連合国の民間部門の社会的、政治的政策と関係し、戦後の決定にかかわる問題を提起するからであると考えているが、これは委員会の見解に一致する。戦域司令官の指揮下に完全にはない機関ならびに軍隊に関係がある心理戦争は、中央で計画され、ある程度共同で行わなければならない。

3. 「本司令部は、オーストラリアと政治もしくは心理戦争に関して連絡を維持する程度に協力すべき」というマッカーサー将軍の所説に関連して、かれの戦域における心理戦争は、ロンドンもしくはワシントンで調整されるべきだとのかれの見解は、かれ自身に直接関係はないという意味合いを含んでいる。しかし、心理戦共同委員会は、どんな種類の心理作戦でも地域に影響を与え、地域の司令官の直接の関心事とならざるを得ないと考える。

4. 一般的宣伝計画は、合衆国から行われた作戦の場合でも、戦域司令官の責任である戦域に影響を及ぼすときはいつでも、戦域司令官に提出されなければならない。

5. マッカーサー将軍は、心理戦争に直接、携わる人員を派遣することは、不適当と感じているが、オーストラリアには特別な要因があるかもしれない。しかし、一般的なルールとして、委員会は、心理戦争は、心理戦争の主要局面に精通した適格な将校が、地域司令官の支配下で、心理作戦にかかわる問題に関して、アドバイザーとして、仕える場合、もっとも積極的、効果的に実行されると感じている。

6. マッカーサー将軍は、軍事作戦に付随するスパイ、破壊活動、ゲリラ活動のような破壊的作戦は、安全ならびに効率上の理由から、ほかの心理作戦と切り離さなければならないと感じている。委員会の見解では、破壊的活動は、あらゆる点で、宣伝部門に匹敵する心理戦争の部門を構成する。宣伝と同様、破壊活動は、ともに経済の一般的な妨害と消耗とに貢献し、特別な軍事目的を支持する。さらに、委員会は、宣伝と同様、効果的な破壊活動は、社会的、政治的考慮から切り離せない、と感じている。

7. 委員会は、イギリスならびにドイツの経験によって示された宣伝と一般戦略ならびに国家政策に統合された破壊的作戦との整合的利用にもとづく心理戦争の考えが、もっとも健全であり、もっとも成果のあるものであり、アメリカの軍事的もしくは政治的伝統に反するのは賢明ではないが、もし、適正に大規模に実施されるなら、それほどの費用をかけることなく、軍事作戦の成功に大いに貢献する可能性があると感じている。

さらに、心理戦共同小委員会用覚書(一九四二年八月十三日付)[17]も、提出された。この覚書は、暫定案、ソルバート案、英米共同案の三つの対日心理戦「計画」の現状を整理したものであった。この内容を要約すれば、以下の通りである。

1. OSSの「対日心理暫定案」は、ソルバート大佐の「日本計画」(最終案)の要約を付録として取扱ったものであるが、付録にある目的が承認されれば、心理戦共同委員会は、ソルバート大佐によって準備された計画を対日宣伝用ガイダンスとして、ＯＷＩに推薦したいと考えている。

2. ソルバート大佐の日本計画は、それ以前にＭＩＳで作成された計画の綜合（synthesis）である。

3. 英米共同案は、シャーウッド氏と当時、ＣＯＩ長官であったドノバン大佐によって承認され、英代表との間で、英米共同案は、英代表が英外務省および統合参謀本部〔イギリス〕に承認のために回付すること、そして、それは、シャーウッド氏が国務省および米統合参謀本部に承認のために回付することが合意された。

4. 英米共同案が、国務省および統合参謀本部に提出されるに先立って、ソルバート大佐は、ＣＯＩの対外情報部およびほかの政府代表を、政府のすべての関心部門が同意しうる心理作戦計画を検討するために招請した。ソルバート大佐が示唆し、ＣＯＩの代表者――シャーウッド氏とマッケボイ氏――が賛成していたのが明らかだったのは、英米案を含む初期の計画案がすべて新計画に一体化されることであった。ＣＯＩの代表者は、以前に同意した文書にもとづいてイギリス側と調整することも、ソルバート大佐が提案した計画がＣＯＩの対外情報部を拘束し、英米案を含む初期の計画に取って代わろうとしているのかどうかの問題も提起しなかった。

5. 〔欠落〕

6．ソルバート大佐の「日本計画」（最終案）が提示された会議では、COI代表からは、なんら反対意見は述べられなかったが、その後保留が提案された。OWIの海外拠点が、極東で、ソルバート大佐の計画にもとづいているのか、承認のためにどこにも回付されなかったOWIの初期の計画にもとづいて行動しているのか明瞭ではない。

7．イギリス代表は、帰国後、イギリス当局に回付し、些細な修正をしたうえで承認を得た。結局、かれらは、ソルバート大佐が作成した新計画案を受領したが、それが、以前合意した英米案と形式上および内容上、実質的に相違していて、イギリス側としては、受け入れがたいと感じた。

8．イギリス代表は、さまざまな対日心理戦計画の若干、不明瞭な状態を明確にするように求めている。マッカーサー将軍からのメッセージは、オーストラリア当局からかれに提示された計画に言及しているが、それは、英米共同計画と信じられる。マッカーサー将軍は、本計画がさまざまな連合国政府の関係を含む困難な政治問題を伴うと報告し、これらの諸問題が、ワシントンまたは、ロンドンで決定されることを勧告している。

この覚書に作成者の記載はないが、OSS関係者が作成したのは明らかである。

そして、八月十八日の心理戦共同小委員会では、マッカーサー将軍が八月五日のメッセージで言及している現在使用中の対日心理戦計画とはどんなもので、いつそれを使用しはじめたか、かれに指針として送付されたものなのかについて、事実を確定することが重要であると考えられ、ＯＷＩ代表と国務省代表も参加して開催されることになった。

四　心理戦共同小委員会

一九四二年八月十八日（火）、統合参謀本部ビル二三四号室で開催された心理戦共同小委員会(18)の出席者は、ドノバン氏、グロスコップ海軍大佐（Captain H. L. Grosskopf, USN）、ブレイクニー陸軍中佐（Lt. Col. C. C. Blakeney, USA）、エドモンド・テイラー氏、英国政治戦争本部からボウズ－リオン氏およびアダムズ氏（Mr. Walter Adams）、戦時情報局・ソルバート大佐、戦時情報局・モウラー氏（Mr. E. A. Mowrer）、国務省からマクダーモット氏およびサリスベリー氏、秘書・オンサンク中佐（Lt. Col. A. H. Onthank）であった。

ここでまずドノバン大佐は、六月十五日に心理戦共同委員会によって承認されて参謀本部に送付されたのち心理戦共同委員会の再組織のために留め置かれた「日本計画」（最終案）が、再検討のために本委員会に戻されたと述べ、また、対日心理戦に関するほかの二つの計画も、時々検討されたと指摘した。マッカーサー将軍から受領したメッセージで言及されていたのは、これらの計画のうちの一つ、おそらくＣＯＩとイギリスのＰＷＥが昨年春同意した計画であろうことは明らかであった。

これに対してソルバート大佐は、六月十五日に心理戦共同委員会によって承認された「日本計画」

はすでに撤回されたと了解しており、ＯＷＩとしては、国務省ならびに政治戦争本部とともに新計画を展開し、のちに、統合参謀本部の承認を得ることを意図していると述べた。同案が実際に撤回されたかどうかの議論に続き、ソルバート大佐は、本委員会であらためて同案を撤回するように要請した。

ボウズーリオン氏は、イギリス側の見解として、目的ならびに作戦が極東戦域で適正に調整されるような英米共同計画が望ましいという見解を述べたうえで、これまでの経緯について、昨年春、ＣＯＩによってはじめられ、一九四二年五月六日にかれが一般的に同意した計画はすでにイギリス参謀本部に提出され承認されたが、心理戦共同委員会での検討に伴いイギリス側は計画の検討を中止していること、ただし初期ＣＯＩ計画にはある程度の同意が存在したので、イギリス側は現在、インド、オーストラリア、重慶のイギリス当局においてそれにもとづいて行動していると述べた。さらに、最初の計画は、「アウトライン」であり非常に一般的な性格ではあるが、極東全体をカバーし、宣伝ならびに破壊活動を含むものであったと述べ、イギリス参謀本部は、第二案が英米共同案でなかったこと、およびほかの点で失望したとつけ加えた。

ソルバート大佐は、「日本計画」が参謀本部の承認を得てイギリス側に検討のために提出され、共同参謀本部（Combined Chiefs of Staff）を通して最終承認される正規の行程にしたがっていたら英米案となったいたであろうと指摘したうえで、本計画が極東全体ではなく日本に限られていたのは、占領地の心理戦争は戦域司令官の直接指揮下にあると考えられていたからだと述べた。

ブレイクニー大佐は、すでに、ＣＯＩならびにイギリス側で承認されている拡大計画（broad plan）を検討すれば、時間の節約になろうと示唆した。ドノバン大佐は、そうした方法ではじめるのは疑いないと言った。

マクダーモット氏は、国務省は喜んで協力したいが、国務省がなんらかの役割を果たすなら、最初から参加したいと思う、と述べた。

小委員会の結論はつぎのようになった。

a. （1）ソルバート大佐は、ＯＷＩのために、「日本計画」は、いまや心理戦共同委員会以前に撤回されるように要請した。

（2）ＯＷＩは、国務省ならびに英国政治戦争本部の代表者とともに、統合参謀本部に承認のため提出する新計画を策定するつもりである。

b. ＯＷＩに対し、広い基礎にもとづく計画を策定し、さまざまな国もしくは占領地域のためのより詳細な個別の計画を含む極東全体計画を考慮することを要請した。

五　その後の「日本計画」（最終案）

以上の経緯を小括する。ソルバート心理戦共同委員会委員長による提案で、一九四二年六月十日、「日本計画」（最終案）の最終打合わせ会が、ドノバン情報調整局長のスタッフとの間で行われた。しかし、「日本計画」（最終案）と、このときはじめてシャーウッド氏（ＦＩＳの責任者）が明らかにした「日本と日本占領地域のための英米共同一般政策のアウトライン　一九四二年五月」は、どちらも採用されることなく、委員会は解散した。

「日本計画」（最終案）は、六月十五日、心理戦共同委員会によって承認され、参謀本部に送付されたが、六月十三日の組織変更（ＣＯＩ（情報調整局）のＯＳＳ（戦略情報局）とＯＷＩ（戦時情報局）への分割）のため、そこに留め置かれた。

その後、七月十七日、ドノバン大佐主宰の心理戦共同小委員会に「対日心理戦暫定案（七月十六日）」が提出されたが、「目的」だけを述べたものとなり、ソルバート大佐の「日本計画」（最終案）の要約は、「付録」として取り扱われることになった。さらに、ドノバン大佐は、心理戦共同委員会が、宣伝を含む心理作戦計画を策定し、統合参謀本部の承認を得るべきであるとの信念の下に、マッカーサー将軍宛に心理戦の分野での活動状況を照会することになった。

これに対してマッカーサー南西太平洋総司令官は、一九四二年八月五日付電信回答で、本計画（日本計画）は、ワシントンもしくはロンドンにおいて共同で管理されなければならないとするとともに、心理戦争に直接携わる人員を当地に派遣することは不適当であると思うと回答した。そして、八月十八日開催の心理戦共同小委員会で、ソルバート大佐は、「日本計画」（最終案）を委員会から引き上げ、国務省およびＰＷＥと共同で、ＯＷＩとして、新しい計画を策定し、統合参謀本部の承認を得ることを言明するにいたったのである。

この間にソルバート大佐は、「日本計画」（最終案）に関して広く意見の一致がみられ、さらに、この計画が陸海軍のふさわしい下級軍人（appropriate lower echelons）の支持を得たことを考慮して、当面の間、ホワイト・ハウスもしくは、統合参謀本部によって権威を与えられたなんらかの行動がとられるまでは、「日本計画」（最終案）が対日心理戦争のガイダンスのための作業上、権威のある文書として受け入れられるべきだという立場をとった。この立場にもとづいて、一九四二年六月十九日、「日本計画」にもとづいたガイダンスが作成されたが、それは決して利用されることはなかった。ガイダンスがラジオ放送の送信者の手には届かなかったからである。ガイダンスの写しは極秘扱いに分類（一九四六年には秘扱となった）され、番号をつけられ、責任者個人に届けられた。こうした状態では、デスクおよびサンフランシスコの〔情報〕将校が、情報を咀嚼して、部下が利用できる状態にはならなかったのである。

一九四二年八月、組織変更に伴って、ソルバート大佐とラインバーガー博士は陸軍省（ＭＩＳ）からＯＷＩに移籍した。ソルバート大佐は「日本計画」（最終案）と時事的なニュースとにもとづいた“JAPAN DIRECTIVES”の発行を準備し、一九四二年八月二十六日に最初の号が発行された。形式は一定しなかったが、ＯＷＩによって、それ以降、大半は“JAPAN Regional Guidance”として発行された。

つぎに、イギリス側（ディビッド・ボウズ－リオン氏、サー・ジョージ・サンソム）の要請によって、ＯＷＩの海外部門は、古いＣＯＩ－ＦＩＳの計画と心理戦争課の草案・その要約との妥協案を用意した。この書類は"General Policy Outline for Propaganda Directed into Japan and Japanese Occupied Territories"（日本および日本の占領地に向けられたプロパガンダの一般的なポリシーの概要）と題され、些細な変更を施され、統合参謀本部の承認を得た。この計画は、厳重な秘密扱いで広く流布されたが、天皇もしくは天皇制（the Japanese Imperial Person or Institution）に対する攻撃宣伝（Propaganda attack）を回避することを除くと、実際の宣伝に関する影響はほとんどなかったように思われる、とラインバーガー博士は書いている。[19]その理由は、以下の通りであった。一九四二年十月の英米間の取り決めによってガイダンスが作成され、国務省の承認を経てアメリカ政府公式の心理戦政策となった。しかし、同ガイダンスは、サンフランシスコから極東全域に放送されたラジオ網に転送されることもなかったし、重慶の拠点に送られることもなかった。両拠点の責任者がシャーウッド氏の個人的な人事制度の階層では、重要ではない人物と考えられていたからであった。ラインバーガー博士は国務省およびイギリス政府に対し、このように利用されないガイダンスを送付することを抗議したが成功しなかった。結局、「日本計画」は、一九四二年十二月に放棄された。[20]

このようにラジオ放送による宣伝は、このときは成功しなかったが、のちに、日本語に堪能な米海軍大佐ザカライアスが、ドイツの無条件降伏の翌日、一九四五年五月八日から実施した日本語放送が、日本に大きな影響を与えたことが注目される。これは、日本を早期降伏に誘導する謀略放送で、毎回十五分、連続十二回に及んだ。大佐の放送の前後に、日本通のマッケボイ中尉〔戦後、リーダーズ・ダイジェスト東京支局長〕がアナウンサーとして登場した。戦後、高松宮はマッケボイに、ザカライアスの日本語放送のおかげで戦争終結を早めることができたと述べた[21]。

宣伝ビラによる心理作戦は、さきに触れたフィリピン戦線のボナー・フェラーズの降伏勧誘作戦が有名である。前述のマッケボイが日本人二名に作成させ、日本初空襲のドーリットル編隊に散布させたビラもかなり知られているが、ハワイ太平洋方面司令部（司令長官＝チェスター・W・ニミッツ元帥）勤務の日本語に堪能なオーティス・ケーリ海軍少尉がハワイのアメリカ海軍特別捕虜収容所（パール・シティ）で組織した日本人俘虜のチームがポツダム宣言のビラを日本語で作成（OWIハワイでポツダム宣言を和訳するように命令された）し、そのビラによって、天皇裕仁が御前会議をみずから招集したという事実が注目される[22]。

このように「日本計画」（最終案）は、正規の宣伝計画としては採用されず、ラジオ・宣伝ビラによる対日宣伝に間接的に影響を与えたにとどまった。しかしその一方、日本から合衆国に帰任したグルー元駐日大使が「日本計画」（最終案）の写しを与えられ[23]、ラインバーガー博士自身が、グルーのアメリカ国内講演旅行の演説草案作成にあたることになったことによって、「日本計画」（最終案）は影響をあたえていくことになるのである。この点を次章で検討する。

□注

（1）　ラインバーガー文書（2）。p. 362. ドノバン長官文書。
（2）　ドノバン長官文書。Colonel O. N. Solbert, chairman, Joint Psychological Warfare Committee, War

Department, Military Intelligence Division G－2, Washington, D. C. 宛 June 10, 1942 付書簡四頁。なお、テイラー（E. L. Taylor）からドノバン宛の Comments on Col. Solbert's Japan Plan という文書（Coordinator of Information 270 Madison Avenue New York の便箋使用、日付はないが、Coordinator's Office の Jun. 9. 1942 付受領印がある。）の内容が、ドノバン長官のソルバート大佐宛書簡と同一で、より詳細であるため、ドノバンがこれにもとづいて書いたと考えられる。

（3）Coordinator of Information Interoffice Memo From J. R. Hayden To Colonel G. EdwardBuxton, Subject: Meeting of the Joint Psychological Warfare Committee on June 10, 1942, attended by Colonel G. Edward Buxton and J. R. Hayden date June 16, 1942.

（4）ラインバーガー文書（2）。p. 1725.

（5）同書。p. 1725.

（6）Colonel William J. Donovan, Director, Office of Strategic Services, Washington, D. C. June 23, 1946 from O. N. Solbert, Colonel, G. S. C. ドノバン長官文書。

（7）ちなみに、ドノバンはOSSの後身、CIA（中央情報局）の長官となったが、一九五九年二月八日に死亡したとき、アレン・W・ダレス（ジョン・フォスター・ダレス国務長官の弟）CIA長官は世界中のCIA支局すべてに「ビル・ドノバンはCIAの父である。かれは偉大な指導者だった」という通達を送っている。Mullins, *Ibid.*,p. 132. マリンズ、前掲訳書、二三六頁。注（3）も参照。

（8）Excerpt from JPWC Subcommittee Minutes, JAPAN PLAN July 23, 1942.

（9）Excerpt from JPWC Subcommittee Minutes, JAPAN PLAN July 24, 1942.

（10）Excerpt form JPWC Subcommittee Minutes, JAPAN PLAN July 29, 1942.

（11）「マーシャル将軍からは、つぎのようなメッセージが私〔マッカーサー〕に寄せられた。「せっぱ詰まった戦闘の試練にさらされながら、貴下と貴下の部隊は、きわめて不利な状況にもかかわらず果敢な防衛を続けていることを、またもや証明してくれた。われわれは貴下を援助するため、できるだけのことをしており、大統領はみずから貴下のかかえている問題に注意を払っている」。勇ましく、また断固とした言葉づかいだが、私はそれを受取った。だが、いくら日が経っても、メッセージが約束しているようなことは何も起こらなかった。」 ダグラス・マッカーサー、津島一夫訳『マッカーサー大戦回顧録（上）』中公文庫、二〇〇三年、三七頁。

（12） William Manchester, *American Caesar Douglas Mac Arthur 1880–1964* (New York: Dell Publishing, 1983), p. 269. ウィリアム・マンチェスター、鈴木主税・高山圭訳『ダグラス・マッカーサー（上）』河出書房新社、一九八五年、二七〇頁。

（13） 東野真『昭和天皇二つの「独白録」』NHK出版、一九九八年、六一頁。

（14） 東野、前掲書、五九頁～六三頁。

（15） SECRET MEMORANDUM RE JAPAN PLAN PARAPHRASE OF MESSAGE FROM GENERAL MACARTHUR (NO. C 205, Aug. 5, 1942; Incoming 1882 – 8/6/42) ドノバン長官文書。

（16） MEMORANDUM TO SUB-COMMITTEE ON MESSAGE FROM GENERAL MacARTHUR. August 13, 1942. ドノバン長官文書。

（17） MEMORANDUM FOR JPWC SUB-COMMITTEE August 13, 1942. SECRET ドノバン長官文書。

（18） Excepts From JPWC Subcommittee Meeting, August 18, 1942 JAPAN PLAN SECRET Verbatim Report Meeting of the Subcommittee of Joint Psychological Warfare Committee held in Room 234, Combined Chiefs of Staff Building, on Tuesday, August 18, 1942, at 1100. いずれもドノバン長官文書。

（19） ラインバーガー文書（2）。p. 1733.

（20）ラインバーガー文書（2）。p. 1734.

（21）Ellis M. Zacharias, *Secret Missions The Story of An Intelligence Officer*（Annapolis, Maryland: Naval Institute Press, 2003）, p. 375.

（22）上前淳一郎『太平洋の生還者』文藝春秋、一九七七年、一三八―一五三頁。

（23）ラインバーガー文書（2）。p. 1732.［ラインバーガー文書に綴じ込まれている陸軍省参謀二部宣伝課の公式記録（Official History of the Propaganda Branch, G-2 Compiled by Major W W Aiken）P.1714-P.1735.］

付表　「日本計画」（最終案）の要約

秘

「日本計画」（最終案）の要約　〔Digest of the JAPAN PLAN（FINAL DRAFT）June 3, 1942〕

軍事戦略を援助するための日本帝国向け宣伝は、海軍および陸軍の戦略として心理戦共同委員会によって合意されたつぎの政策目標（Policy Goals）をもつ。

1．日本陸軍の作戦を妨害し、日本人の士気を低下させる。
2．日本人の戦争努力を弱体化し、停滞させる。
3．日本軍当局の信用を害し転覆させる。
4．日本を同盟国ならびに中立国から分離させる。

つぎの宣伝目的（Propaganda Objectives）は、政策目標達成を助長する手段として敵の心（the enemy mind）に伝達され定着されるべき問題点として述べられた。

1．政府の公式発表ならびに日本国内のほかの合法的情報源に対して日本人の不信を増大させること。

2. 日本およびアメリカ合衆国間に文明化した戦争行動の基準を維持すること。
3. 日本のひとびとにかれらの利益が現在の政府によって満足させられているのではないから、普通のひとびとは政府の敗北が自分たちの敗北とは考えないことを納得させること。
4. 日本の指導者およびひとびと（people）に永続的勝利は達成できないこと、日本は他のアジアのひとびとから必要な助力を得て保ち続けることはできないことを確信させること。
5. 日本の階級間ならびに集団間の亀裂を促進すること。
6. 国内の反逆罪に関する不安、破壊行動、日本国内の少数集団による暴力事件または隠密事件を利用し、それによって日本の防諜の負担を増加させること。
7. 日本を枢軸国から分離し、日本と中立諸国との間の困難を助長すること。
8. 日本の現在の経済的困難を利用すること、そして戦争が続行すれば日本が漸進的に経済悪化に陥ることを強調すること。

宣伝のテーマは、それによって宣伝目的が達成できるように示唆された手段として詳細に列挙されている。これらのうち重要なもののいくつかをそれぞれに付帯する特別な宣伝目的に言及しないで表にすればつぎのようになる。

（a）信頼できかつ時宜に適したニュースを伝えること。
（b）日本帝国に対する日本人の残虐行為の非難は特殊な条件下を除いて避けること。
（c）日本人に対するすべてのアメリカの脅しは——どんな原因であっても——脅しが本来公式か国際法と両立するとき以外、禁止すること。
（d）日本の天皇（注意して名前ではなく）を平和の象徴として利用すること〔To use the Japanese Emperor（with caution and not by name）as a peace symbol〕。
（e）現在の軍事政権の非論理性ならびに専横と、この政府が天皇およびその家族を含む日本全体を無法に危険にさらしている事実を指摘すること。
（f）アメリカ人およびほかの同情的な日本人を宣伝者として、宣伝のテーマとして利用すること。
（g）われわれが勝てば、日本に必ず戦後の繁栄と幸福がもたらされると断言すること。
（h）アジアは合衆国に無視されるようなことはなく、われわれの戦争目的はアジアにも適用されるし、国務次官が述べたように「帝国主義の時代は終わった」ということを示すこと。
（i）アジアにおけるアメリカ、イギリス、オランダの記録は恥ずべきものではなく、フィリピン人は誠実であり、蒋介石が言ったように朝鮮にはガンジーがいないことを示すこと。

（j）在日ドイツ人は変装したアメリカ人のスパイか、かれらの総統のためにDer Tag〔ドイツの新聞〕の日本版を用意しているドイツのスパイであることを日本人にほのめかすこと。

（k）日本の反体制的な騒動についての噂をたてようとし、海上無線技師たちの注意と関心をひくよう試みること。

日本人に関連がある特徴は、アメリカの宣伝で見逃してはならない日本人の行動もしくは思想上の特別な点を強調している。これらには、

1. 病気
2. 火災
3. スパイ行為
4. 「劣等」に対する恨み
5. スローガン好き

に関する日本人の態度がある。

特別および警告的な示唆

I. 地区司令官の機能。かれの心理戦争への関係は明確にされなければならない。
II. 神道。宗教問題は、かりに天皇崇拝の問題であっても、現在はすべて回避されねばならない。
III. 天皇。天皇に対しては慎重に、持続的に言及(だが名前ではなく)することが勧められる。
IV. 皇室の伝統。日本の皇統についても、同様な扱いがとられる。
V. 人種問題。アジアで人種戦争をはじめようとする日本の企ての機先を制して、国内および海外のすべての宣伝の最前線において、人種問題での戦いは緊急事だとみなされる。

II——対日宣伝戦とグルー

第四章　対日宣伝戦とグルー

一　激動の時代の駐日大使グルー

本章では、ジョゼフ・クラーク・グルー駐日大使帰国後の講演旅行を検討する。まずその前提として、激動の時期に駐日大使に任命され十年にわたり出先の大使としていかに日米間の平和維持に努力したかを述べることにしたい。

グルーは、一九三二年五月十四日、第三十一代米大統領、共和党のフーバー（Herbert Hoover, 1874–1964）によって駐日大使に任命された。

フーバーは、クェーカー教徒として、はじめての大統領であった。[1] 一八九五年スタンフォード大学卒業（第一回の卒業生）後、鉱山技師となったが、ヨーロッパで鉱物資源開発事業に成功後、食料、衣料、医薬品をヨーロッパのアメリカ人に提供するという人道主義的活動を行い、一九一四年、アメリカ人救済事業委員会委員長（Chairman, the American Relief Committee in London）となった。[2] そして、グルーが一九一二年〜一六年駐ベルリン・米大使館一等書記官時代、フーバーがベルギー救済委員会（the Commission for the Relief of Berlin）を組織したとき、フーバーの事業と協同する任務に就いてい

ジョゼフ・グルー米駐日大使と夫人
1936 年 11 月撮影(毎日新聞社提供)

であった。

た[3]。グルーは、エピスコペリアン（監督教会員）として育てられたが、母方の祖母もクェーカー教徒

フーバーは一期（1929-33）しか大統領をつとめなかったが、この間、一九三〇年八月六日、マッカーサー将軍を陸軍参謀総長に任命した[4]。さらに、すでに述べたようにマッカーサーの側近として大きな役割を果たしたボナー・フェラーズ[5]（Bonner Fellers, 1896－1973）とも親密であった（フェラーズもクェーカー教徒であった[6]）。フーバーは、第二次大戦後、飢餓緊急対策委員会委員長の資格で一九四六年五月東京を訪れたが、マッカーサーは元大統領に対して適切な量の食糧を送ることを要請した[7]。このようにフーバーは、第二次大戦後のアメリカの対日政策に大きな影響を及ぼしたといえる。

駐日大使に任命されたグルーは、妻アリスと末娘エルシーとともに、一九三二年五月十四日、ワシントンを出発、汽車で大陸を横断、サンフランシスコから太平洋を横断、ハワイを経て、六月六日、横浜に入港、車で大使館（東京赤坂の霊南坂、現在と同一）に到着した。グルーは、シカゴで犬養毅首相の暗殺（一九三二年五月十五日）の報に接し、「新聞に出ている天皇が危険にさらされたということは私には信じられない。これは何かの誤報だろう。日本人は国をあげて皇室を尊敬しているのではないか[8]」と日記に書いている。そして同じ日の日記に「全世界が大戦で忙殺されていた最中に表示された二十一条の対華要求や、一九三一年九月十八日以後日本が満州や上海でケロッグ条約、九国条約、国際連盟規約などにそむいてとった純プロシャ的な方法については、同情を持つ者はいない。〔中略〕米国は日華紛争に関しては、どの一方にも加勢せず、ただ国際平和条約と門戸開放主

義とを尊重し、それによって世界に向って注意深い意見を示し、立場を取ってきたのであり、必要とあらば今後もそれを続けるのである[9]」と述べている。

当時、アメリカ大使館では、退役海軍中佐水野広徳が日米戦を想定して著した未来小説『次の一戦』が広く読まれていた[10]。そして、グルーは、こうした激動の時代に駐日大使をつとめ、民主党のローズベルト第三十二代大統領によって、一九三三年三月二十三日、ひきつづき大使に任命され、十年間にわたって両国間の平和維持に努力した。ヨーロッパ、トルコの大使を歴任し、国務次官までつとめた外交官生活二十八年のベテラン職業外交官グルーが、外交および大使についてどのように考えていたかを、はじめに述べることにしたい。

二　グルーの外交観

グルーは、「外交が本質的に国防の第一線であり、海軍が第二線、陸軍は望むべくんば第三線であることを記憶しよう。もし第一線たる外交が功を奏すれば、第二、第三の線は、後方の予備軍としてその存在が第一線を強化することは大きなものだが、行使しないで済むのだ。この予備軍を行使する必要を避ける責任を持つのが外交で、私はこれに照らして日本での仕事についたのである[11]」と述べている。そしてグルーは日本における使命、二つの根本的目的、すなわち「米国権益の助成と保護、および日米両国間の親善関係の維持ということを、念願においている。この二つの目的が衝突した場合、どちらに重点をおくべきやは、私の権限以外の最高方針が決定すべきことである。私の唯一の目的は、この使命から見た形勢の主要因子を明確化しようとするにある」[12]と明言している。

ところで、グルーは「つねに日本の味方になることをまっ先に主張してきたが、〔中略〕宥和政策（appeasement）という言葉を嫌い、建設的調停（Constructive Conciliation）という言葉を好んだ」[13]。グルーは、当初、中国における日本の政策を抑制するために、アメリカが道徳的、法律的立場にもとづいて不承認を表明することからは、よい結果が生まれないと信じていたが、一九四〇年までに日本の軍国主義に対する必要な抑制策として、アメリカの対日経済制裁を受け入れるようになった。グルーは、一九四一年十二月七日のパール・ハーバーのずっと前に、アメリカとの紛争が起これば、日本がパール・ハーバーを急襲する計画であることを、一九四一年一月二十七日、ハル国務長官に電報で知らせていた[14]。

一九三二年六月二十一日、グルーは、徳川公爵はじめ政府の要人が列席した日米協会（The America-Japan Society, Tokyo）での挨拶[15]で「日本における私の主な役割は、私の見るところ解釈者のそれであり、日米両国が相互的信頼を、どしどし高めて行くことに役立つように、この二つの国をお互いに解釈して行くことにあると思います。私の主要な仕事は、日本という国を米国人に説明することにあると思います」とし、米国民が最も関心をもっているのは各国が国際平和の永続的機構を建設しようと努力していることについてであり、世界には多くの杞憂家がいるが、自分は生まれつきの、また信念による楽観論者であるから、日米両国を含む世界の困難を、人間が克服することを確信していると述べた。そして、最後に、ハーバード大学以来の親友キャッスル前大使が、新米国大使館の基石を置くとき行った演説の一節を引用して「われわれはこの新しい建物が、復興された東京の装飾になるであろうことを希望する。だが如何に美しくても単にそれが外殻であるに止まるならば、大使館は失敗である。〔中略〕自然の要素の攻撃に対して不浸透性であるこの石が、物質的な意味で、永久に誹謗者と離間者との攻撃に抵抗するわれら両国間の精神的友情を象徴せんことを希望する」と結んだ。

グルーは、その出自から、日本では、いわゆる「穏健派（moderates）」といわれるひとびとと親密な関係にあった。グルーは、徳川公爵の仏式葬儀にアリスとドゥーマン（Eugene H. Dooman）参事官と参列したときのことを「八年も日本にいた私は、私もまた門外漢ではない親類や親友の一人で、丁度この集合が東京ならぬボストンでの古い家族の友人の集りであるような気がした。私たちは近くに席を占めた日本人とその細君の大多数をよく知っていたが、徳川、近衛《このえ》〔文麿《ふみまろ》〕、松平、松方等の有名な一門の面々が、ソルトンストール、セジウィック、ピーボディの各家族であったとしても、一向に不思議ではない。われわれは、彼らの位置、勢力、信望、人物それから相互関係を、ボストンにおける同様な家族のそれらと同じく、よく知っている。それにまた私たちは、彼らが私たちを彼らの同類として認めていることを感知した(16)」と書いている。

穏健派のひとびとは、グルーに接触し、「振り子理論（The Pendulum Theory）」をグルーに述べ、天皇について語った。

グルーは、一九三二年七月十三日の日記に書いている。

11時、打合せた通り牧野〔伸顕《のぶあき》〕伯爵を訪問した。〔前略〕彼は明治維新以来の日本歴史を説き、注意深く国策を統御してきた元老たちの多くは故人となり、現在は青年層が彼らの間から政治家を出すまでの、一種の中間期ともいうべきものであるが、早晩青年層の時代がくるといった。将来に関しては彼は楽観論者であるともいった。彼の話は私が振子の揺れについて、ロンドンで松平大使と話し合ったものとそっくりだった。〔中略〕最後に私は、もし伯爵が何か私が役に立つ特別な方法手段を思いつかれたならば、非公式に個人的にどうか遠慮なく示唆を与えて頂きたい、私は彼の忠言を大いに尊重するからと申し述べた。(17)

明治維新以来の日本の歴史は軍国主義的政治から穏健政治へ、また逆方向へと揺れ動いていたという「時計の振子説（振り子理論）」をロンドンで松平大使から聞いて以来、グルーは穏健派のひとびとからたびたび聞かされ、かれ自身影響を受けた。

一九四〇年九月二十七日、日独伊三国同盟調印後の日記に、「九月は日本の歴史と日米関係の最も重大な時期だった。独、伊、日三国の同盟は、近衛内閣が出来たその瞬間からの日本政策の潜在的帰結だったが、盟約そのものは期待されなかったほど速やかに機が熟した。〔中略〕ここ日本における事実上の諸条件と現在の観望にもとづいて見れば、今や米国側が忍耐と自制の行使を継続することが、日米両国の関係をますます不定にする時がきたと私は信じる。私は日本政府と日本国民が、やり過ぎていると感じさせられる時がくれば、振り子は反対の方向に揺れ、その時こそ米国と日本の親善関係を再建することが出来るという希望をいだいている。私にとって、これ以外のことは絶望と思われる。九月の日記を書き終る私の心は重苦しい。これは過去に私が知っていた日本ではない(18)」と書いた。

天皇についてのグルーの意見は、穏健派のひとびとの意見の影響を受けていた。「この国における最高勢力は平和的である。天皇は穏かな、平和を好む性格の人である。彼の治世は彼自身が選んだ Showa（昭和）という語で性格づけられるが、これは「啓蒙的平和」を意味する。彼が満州における冒険を是認したと信ずべき理由は、全くない。このことは彼の決意のおよぶ限りではなかった。元老西園寺公爵と牧野伯爵とは、戦争の恐ろしさを深く感じている。一九三一年以後、この二人は公然と自分の意見を感ぜしめることが出来なかったが、背後にあって絶え間なく活動し、彼らの影響力は次第に強くなりつつあると信じられている(19)」と書いている。

一九三五年五月二十二日、紅葉館における式部長官松平子爵夫妻招待の盛大な日本式晩餐会の席上、牧野伯爵がパリの『タン』紙主筆デュボスと話し合い、デュボスが日本の政情は各政党の争いと堕落に加うるに、一方に軍事的独裁、他方に共産主義の脅威があって「危険だ」といったことに対して、「日本には他国が同程度にまで保有しない護衛者、即ち皇室がある。天皇が最高で、如何なる時にも最後の断を下されるだけの理由によって、日本には軍の独裁主義、共産主義その他の如何なる主義からの危険もないのだ」と反論したのを聞き、「この老人がこんなに語調を強めて話すのを聞いたことがないし、またこれほど愛国的感情を示すのを見たこともない」、「今晩の彼の話し振り——彼の語勢と感情の発露——は、瞬間的ではあるが、日本人がどれほど熱誠に君主を信仰しているかを啓示し、全国を通じてのこの信仰の力は、ありとあらゆる論争や政治的扇動やさらに進んでは暗殺にもかかわらず、——いや、かえってそれらがある故に——外国人が一般的に感知し得る以上に、はるかにはるかに強いものだと私は考える」と非常に感銘を受けたことを日記（一九三五年五月二十二日付[20]）に書いている。

一方、グルーは、日本人の心理や行動に関して違和感を抱いていたのも事実である。日本の国際連盟離脱に際して、グルーはつぎのように書いている。

> 日本人の心理過程と結論に到達する方法は、われわれのとは根本的にちがっている。これは彼らと交われば交わるほど痛感することだが、ここに東と西の大きな裂け目の一つがある。西洋人は日本人が西洋風の衣服や言語や風習を採用したから、彼らは西洋式に物事を考えるに違いないと信じているが、これ以上の大きな誤りはあり得ない。これが西と東の間の条約上の公約が常に解釈を誤まられ、論争を引起すことになる理由の一つである。かかる義務に署名する時の日本人は必ずしも不真面目なのではない。このような義務が、日本人が自分の利益にそむくと認めることになると、彼は自分に都合のいいようにそれを解釈し、彼の見解と心理状態からすれば、彼は全く正直にこんな解釈をするにとどまる。これが事実上、今日の日華紛争の情

勢なのである。解釈が不可能でないにしても困難なのは当然である。[21]

三　ローズベルト政権の性格

さきに、一九三二年十一月大統領に選任された民主党のフランクリン・ローズベルトによって、共和党のグルーが駐日大使に再任されたことを述べたが、ここで、ローズベルト大統領選任の事情、ローズベルトの出自、教育、パーソナリティ、ローズベルト政権の性格を述べることにしたい。

ローズベルトの出自は、スペイン・ポルトガル系ユダヤ人（Sephardim）の旧家とされている。[22]「遠い過去に、私の祖先はユダヤ人だったかもしれない。ローズベルト家の由来について私が知っていることと言えば、オランダ出身のクラース・マーテンセン・ヴァン・ローズヴェルトにまちがいなく起源をもっているということだけだ[23]」。ローズベルトの長女（Anna Roosevelt）と結婚（ただし、のち離婚）したドール（Curtis. B. Dall）退役空軍大佐、元アメリカ立憲党全国委員長は「私の寄せ集めた事実からすると、ローズベルトの家系はイギリス人、オランダ人、ユダヤ人、フランス人の系統が合わさったものだ。その事実を特に考えたことはない。アメリカ人としての背景はしっかりしていると思うだけだ。デラノ家は、フランス系の血筋が濃い[24]」と述べている。

フランクリン・ローズベルトは、[25]五十二歳のジェームス・ローズベルトと二十六歳のサラ・デラノの子であった。ジェームズはデラウェア・アンド・ハドソン鉄道の副社長で、地方の退職治安判事であった。サラはもともと中国貿易商人でクリッパー帆船主のウォーレン・デラノの娘であるが、ウォーレンは阿片密売で相当の産を成した。

母サラは息子を学校にやって教育せず、はじめはフランス人ならびにドイツ人の住込み女性家庭教師の、次いで通いの個人教師の指導の下で十四歳まで家庭に留めた。フランクリンは、ほとんど毎年、何ヵ月かヨーロッパに連れて行かれた。二年間、ナウハイムのパブリック・スクールに通い、地図の読み方と軍事地勢学を研究した。十四歳でマサチューセッツ州のグロートン校（Groton School,1896-1900）に入学、ハーバード大学（1900-1904）で政治史・政府を専攻、『クリムゾン』誌の編集者の職を得た。卒業後、コロンビア法科大学院（1904-1907）に学び、一九〇七年弁護士となった。

フランクリンは一九〇五年、第二十六代大統領セオドア・ローズベルト（Theodore Roosevelt, 1858-1919）の姪エレノア（Anna Eleanor Roosevelt）と結婚、政治家を志向した。ローズベルトがアルバニー（ニューヨーク州）で初期政治活動を行っていた頃、アルバニー駐在新聞記者ハウ（Louis Mc H. Howe）と知り合ったが、ハウはローズベルトを民主党の「期待の星」として見るようになり、それからローズベルトに「かかりきりになって」その長期的目標を推進させようとした。[26]ローズベルトの娘婿ドールは、ローズベルトのパーソナリティについて、「対抗者に圧倒的能力があると嫌う性格だった。たとえば、何をとってもはるかに成績がよくて自分よりずっと天与の才があると認めざるを得ない人物、ダグラス・マッカーサー将軍には批判的で、嫉妬を抱いていた。将軍はそのことを多分知らなかっただろうが、知っていたらよかったと思う[27]」と言っている。

ローズベルトは、マッカーサー将軍とも、ウィンストン・チャーチル（Winston Churchill, 1874–1965）イギリス首相とも、サラ・バーニー・ベルチャー（Sara Barney Belcher）を共通の先祖とする名門の出身である[28]が、マッカーサー将軍はローズベルトが死んだとき、幕僚部のボナー・フェラーズに向ってつぶやいた。「ローズヴェルトは死んだ。嘘が役に立つときはそれを使って、本当のことは決して言わなかった男が死んだ[29]」。

ローズベルトは、一九三二年の民主党大会で大統領候補に指名されると、ウィルソン大統領の顧問をつとめたハウス大佐の自宅を訪問したが、それ以前にハウスが創設に努力した外交問題評議会（Council on Foreign Relations, 略称ＣＦＲ[30]）の機関紙 Foreign Affairs（ＦＡ）の一九二八年七月号に、「われわれの外交政策：民主党員の意見[31]」と題する論文を寄稿した。ローズベルトは、そのなかでつぎのように述べ、ウィルソンが目標としたが失敗した国際連盟の路線（Globalism）を進むべきことを主張し、支配階級（ウォール街の金融機関、モルガン・グループならびにロックフェラー・グループ）にサインを送った。

　合衆国は二つの消極的措置を取ってきた。国際連盟にも、常設国際司法裁判所にも関係することを拒んできた。〔中略〕たとえ正会員の資格ではなくても、われわれアメリカ人は国際連盟に対して、はるかに大きい好意的承認と従来認めてきた以上の確たる公式援助を与えるほど十分に寛容でありスポーツマン精神を持ち得るものである。〔中略〕今や特定の事実だけでなく、法律を超える掟による新原則、すなわち国際関係における新しくより良い規範を受け入れなければならないときが来た。

ドールは、ローズベルトが実際に行ったことをつぎのように述べている。

長いこと私は、ルーズベルトがアメリカ合衆国の利益のために、自分独自の考えやアイデアを発展させたと思っていた。ところが、そうではなかった。彼の思想、いわば政治的「武器」のほとんどは、外交問題評議会（CFR）——世界通貨グループ（one world Money Group）が彼のために前もって慎重に作り上げたのだ。ルーズベルトは嬉々として、まるで優秀な大砲のように、その用意された「武器」を、疑うことを知らないアメリカ国民の真ん中で爆発させた。そうして国際主義者の政治的支持に報い、支持を取り戻した。[32]

現にローズベルトの閣僚には、エドワード・ステティニアス（Edward Stettinus）国務長官（U・S・スチール取締役議長でモルガン商会のパートナーの息子）、サムナー・ウェルズ（Sumner Wells）国務次官、ヘンリー・スティムソン（Henry Stimson）陸軍長官など有力な外交問題評議会のメンバーがいた。そして、ドールによれば、一九二〇年代後半と三〇年代前半に、ローズベルトが助言を受けていたのは、ごく少数の人々、すなわち、バーナード・バルーク（Bernard Baruch）、フェリックス・

フランクファーター（Felix Frankfurter, 1882－1965, ユダヤ系、ハーバード大学教授からローズベルトによって最高裁判事に任命）、ルイス・ハウ、ジム・ファーレイ（Jim Farley）、ハーバート・リーマン（Herbert Lehman）、リーマン夫人、サム・ローゼンマン（Sam Rosenman）だった。また母堂（サラ・デラノ・ローズベルト）の「助言」も受けていたが、彼女は偉大な常識の持ち主だった[33]。バーナード・バルークは筆頭格として、キャンペーンなどの費用の大半を調達している[34]。また、フーバー大統領は演説の草稿をすべて自分で書いたが、ローズベルトには多くのゴースト・ライターがいた[35]。

そして、ローズベルトは、「最初の百日」のうち七十九日がすぎていた五月二十二日に、ハリー・L・ホプキンズ（Harry L.Hopkins）を連邦緊急救済局（ＦＥＲＡ）局長に任命した。さらに、一九三九年には商務長官に任命し、一九四〇年五月十日には、ホワイト・ハウスに住むように迎え入れ、のち大統領特別補佐官に任命した。こうしてホプキンズは、ウィルソン大統領に対するハウス大佐の地位を占めることになった。ハウス大佐は大統領以上に大統領の心を知っていると思いこむという誤りをおかし、その誤りがウィルソンとの致命的な不和を生ぜしめたとされるが、ホプキンズは決してそのような誤りをおかさなかった[36]。

ホプキンズは、馬具職人の息子で、グリネル大学卒業後、貧民状態改善協会（ＡＩＣＰ）で仕事をはじめたが、一九二四年、ニューヨーク結核協会執行部に異動、ローズベルト・ニューヨーク州知事が創設したニューヨーク州緊急臨時救済局（ＴＥＲＡ）議長を歴任していた。ローズベルトとホプキンズは、ともに「アメリカ・フリーメーソン団の貴顕者[37]」であったが、生まれも、育ちも、ちがっていた。ロバート・シャーウッドは書いている。「ルーズベルトはホプキンズに対して慎重に、政治および戦争についての技術と学問とを教育し、ついで、計り知れぬほどの決定権を彼に与え——その理由は、大統領が彼を好んだという以外にはない——彼に信頼し彼を必要としたのである[38]」。

四　ローズベルトの対外政策・対日政策

ローズベルトは、一九三六年十一月が大統領の改選期にあたったので、一九三六会計年度予算では約四十四億ドルにのぼる大幅な財政赤字を計上したため、一九三七年のアメリカ経済は、国民総生産（実質）が一〇九一億ドルと、好況期の一九二九年の一〇四四億ドルを超えた。しかし、ローズベルトは「司法府再編成計画案[39]」の議会通過をはかる必要から、議会工作のため均衡予算を主張していた保守派との妥協を迫られ、一九三七会計年度は二十八億ドルの赤字、三八会計年度は十二億ドルの赤字と赤字幅が縮小した。その結果、一九三七年、七七〇万人であった失業者数、十四・三％であった失業率は、一九三八年には、それぞれ一〇三九万人、十九・〇％と悪化した。しかも、これ以上拡大予算をとりつづけることは、民主・共和両党の保守派からの財政均衡の要請が強いため困難であった。

一方、アメリカでは、一九三〇年代半ば、上院ナイ委員会（the Senate's Nye Committee）が、銀行と軍需品製造業者との緊密な関連が第一次世界大戦を招来したことを暴露した[40]。その結果、すべての交戦国への武器の輸出を禁止し、合衆国船舶の交戦地域への航行を禁止した一九三五年中立法（The

Neutrality Act of 1935）が成立した。一九三六年二月中立法（The Neutrality Act of February 1936）では交戦国に対して貸付金および信用が禁止された。しかし、一九三六年のスペイン内乱の勃発後には、介入は回避するが全面的な禁輸は経済的に不利益であるとして「現金・自国船主義」（Cash and Carry Principle）を盛り込んだ一九三七年中立法（The Neutrality Act of May 1937）が成立した。

一九三七年は、アメリカの外交政策にとって画期的な年であった。七月七日の盧溝橋での日中両軍衝突を契機として、ローズベルトは介入主義に踏み切ったといわれている。七月十六日ハル国務長官の発表した声明は特定の国を名指しこそしていないが、日本を念頭においていることは明らかだった。

ハル声明の要旨(41)はつぎのとおりであった。

1. 世界のいかなる部分における紛争も、それがアメリカの権益に影響しないものはない。
2. アメリカは終始一貫して平和維持を擁護している。また国家的および国際的自制を勧奨する。
3. アメリカは国策遂行の具として武力を行使し、または他国の内政に干渉することに反対する。
4. 国際紛争の平和的処理に左袒《さたん》する。
5. アメリカは条約の神聖国際諸協定の尊重を勧奨する。

6. アメリカは世界の経済安定、したがって機会均等、関税障壁の低下を主張する。
7. アメリカは軍備の制限および縮小を支持する。

ローズベルトは同年十月五日、シカゴで有名な隔離演説（Quarantine Speech）を行い、日本とナチス・ドイツの侵略主義に対抗する態度を示した。翌三十八年一月二十八日には、八億八〇〇〇万ドルにのぼる海軍拡張法案（第二次ヴィンソン案）を議会に提出、戦艦十三万五〇〇〇トン、空母四万トン、駆逐艦六万八〇〇〇トンなど総計七十一隻四十万トンにのぼる建造計画の承認を求めた。同年九月十二日、ヒトラー（Adolf Hitler, 1889 – 1945）のニュルンベルグ演説を聞いたローズベルトは、戦時生産に備えて航空機産業を視察するようホプキンズに命じた(42)。

一九四〇年十二月十四日、グルーはローズベルト大統領に宛てた書簡(43)で、歴史の示すところによると、日本の振り子は常に極端論と穏健政治の間を揺れているが、現状では振り子はむしろさらに極端の方に進む傾向がある。近衛と特に松岡はいずれ失脚するだろうが、現状では、拡張的計画に逆行して、しかも生き残ることを希望しうる指導者は、日本には存在しない。アメリカが「南洋を含む大東亜」の全域から引下るつもりなら別だが、いつかは日本と正面衝突するに決まっていると書いた。これに対してローズベルトは、翌四一年一月二十一日付の返書(44)で同意し、「米国の自衛戦術は、あらゆる戦線を考慮に入れ、われわれの全体的安全に貢献する好機は、すべて利用せねばならぬ、世界戦術でなくてはならぬ」、「米国の助けを受けて英国がこの戦争に勝つことを確信している」

と述べている。

五　日米民間工作とグルー大使

一九四〇年十一月二十五日、ジェームス・ウォルシュ司教とジェームス・ドラウト神父は、日本郵船新田丸で横浜港に到着した。出迎えたのはメリノール派京都教区長バーン（Byrne）司教、敬虔なカトリック教徒として知られた山本信次郎予備役海軍少将などであった。同夜、山本信次郎主催の歓迎レセプションが帝国ホテル（東京）で開催されたが、両師は十二月二十八日までの滞在中、メリノール関係の仕事のみならず、日米関係の緊張緩和のための対日工作を行った。[45]ストロースからの紹介状をもらっていた井川忠雄産業組合中央金庫理事とは五回会ったが、十二月十二日第二回会談後、ドラウト覚書[46]を送付してきた。十二月二十七日には武藤章陸軍軍務局長を訪問した。松岡洋右外相は、沢田節蔵（ブラジル）元大使の紹介で両師を二回引見したが、同席した加瀬俊一の印象では、ドラウトはいかにもやり手という感じであった。外相は、日米国交打開の必要について共感を示したうえ、「もし自分が一時間でもローズベルト大統領と会談できれば、日米関係を改善する自信がある」と語って、日米友好増進に対する熱意を大統領に伝えるように依頼した。[47]両師は十二月二十八日に離日し、一月中旬にアメリカに帰着したが、すぐ松岡のメッセージをローズベルトに伝達した。[48]しかし外相は、ドラウトがかれに提出したドラウト覚書には深く取り合わなかった。[49]両師は、十二月二十六日、グルー駐日アメリカ大使を訪問したが、同大使は、この民間の対日工作が政府間の交渉に移されるまでは情報から遠ざけられることになった。本工作が大統領直轄事項とされ、両閣僚以外には当分極秘とされたからである。

そして、グルーが、再び本格的に日米交渉にかかわることになったのは、一九四一年七月十八日、第三次近衛文麿内閣が発足し、前内閣で商工相であった豊田貞次郎海軍大将（海兵三十三期）が松岡洋右に代わって外相に就任してからであった。

グルーは、七月十八日、豊田外相について、国務長官宛につぎのように好意的な電報を送った。

〔前略〕かれはロンドン大使館と一九二三年に海軍武官として二度勤務、英米に友好的と考えられている。海軍軍武官によれば、豊田は軍人としての評価が高く、すぐれた海軍の行政官として知られている。かれが引退し、入閣したとき、日米海軍では惜しまれた。かれは親枢軸派とは思われておらず、非常に率直で、正直で、話し好きのようだ。

かれは、英米の海軍付武官〔特にロジャース（F.F. Rogers）〕と親しい。英語はうまい。(50)

しかし、豊田外相自身、組閣後の七月二十一日第四十回連絡会議の席上、つぎのように発信している。

自分ハ各国ノ大公使ニ、国策上何カ変リハナイカト云フ考ヘヲオコサシテハ困ルト思ッタノデ、既定方針ニ変更ナシト電報シ特ニ大島、建川、野村、堀切ニハヨク云ヒ送リ従来通リヤレト云フタ又同時ニ在東京独伊大使ヲ呼ヒ、外相更迭セルモ、帝国ノ態度ハ何等変更ナシト既ニ述ヘアリ尚自分ハ三国条約締結当時海軍次官ナリシヲ以テ、之レニ関シテハ重大ナル責任アリ、同条約成立ノ時ノ一端ヲ担行居ルノテアッテ変更スル様ナ事ハセヌ。(51)

しかも、豊田新外相と海外拠点との連絡電報は、マジックによって解読されていた。ルーウィン(Ronald Lewin イギリスの著名な軍事史家)によると、マジックによる解読は、野村吉三郎大使が、一九四一年二月十四日ローズベルト大統領に信任状を奉呈する前に、一九四〇年十二月二十五日、東京からワシントンの大使館宛の「野村大使の任命とともに、われわれは、合衆国の邦銀ならびに企業の幹部の協力を得てわれわれの宣伝ならびに情報収集のための確固とした計画を立案したい」という十二月十日付の暗号電報から行われていた。(52) マジックによって提供される証拠によって「米国務省は野村大使の一見誠意あるステートメントとは非常にちがっていた日本当局の本当の感情を十分に知らされていた」のである。(53)

こうして、日米交渉は、破局へと突き進んでいったのであるが、グルーは、一九四一年の夏、秋、近衛文麿首相の対米交渉において、失敗に終わったとはいえ、次節で述べるように重要な役割を果たした。そこで次節からは、フィアリィ書記官(Robert A. Fearey)の記録を中心にして日米交渉とグルーの関与の過程を簡単に跡づけてみることにしたい。

六　日米開戦

一九四一年十二月八日、ジョゼフ・C・グルー（Joseph C. Grew 1880-1965）駐日米大使は、日米開戦直後に、赤坂霊南坂の駐日米大使館公邸に館員七十五名とともに抑留され、翌四二年六月二十五日、交換船「浅間丸」に乗船するため、川崎に出発した。以下、この期間にグルー大使がハル国務長官およびローズベルト大統領宛に作成した報告書（以下、『報告書』と呼ぶ）について、『報告書』作成に協力し、一九四二年八月二十六日、ハル国務長官邸に同道した書記官フィアリィ氏が論文として掲載した回想録（"Reminiscences My Year with Ambassador Joseph C. Grew, 1941-1942: A Personal Account," The Journal of American-East Asian Relations I, Spring 1992）によって、その作成の経緯、内容、その後について記述し、論評を加え、近衛－ローズベルト首脳会談はどうして実現しなかったかについても付言してみたい。

近衛文麿（1891-1945）首相（第三次内閣）が、ローズベルト大統領と、直接ハワイで会談し、日米間の懸案事項を解決しようとの申し入れを、グルー大使と相談の上、ハル国務長官およびローズベルト大統領宛に行った日米首脳会談の提案が主題である。もし、駐日米大使館の熟慮された報告、分析、および勧告にもとづく、この提案が実現されていたら、日米開戦は回避できたであろうが、ワシントンは、想像力を欠き、柔軟ではなかったというのが、グルー大使の確固たる見解である。そして、報告書作成に協力したフィアリィが、当時考え、その後も考えていたのは、グルーは正しく、首脳会談は行われるべきであったし、会談が実現していたら、アメリカ合衆国の犠牲もしくは、連合国の原則、もしくは利益は失われることなしに、太平洋戦争は、回避されたであろうということである。

先行研究としては、船山喜久彌『白頭鷲と桜の木　日本を愛したジョセフ・グルー大使』（亜紀書房、一九九六年）の第五章「孤軍奮闘」のなかで、インタビューを申し込んで断られたフィアリィから「インタビューはご免だが、その代わりにこれを読みたまえ」と渡されたフィアリィの「東京1941年・外交の最終階段」（『フォーリン・ジャーナル・サービス』一九五一年十二月号）によって秘密報告書の大要が簡単に触れられている。また、杉原誠四郎『日米開戦とポツダム宣言の真実』（亜紀書房、一九九五年）は、グルーが『報告書』を焼却したことに関して、「つまりグルーもハルとの会談で言ったように、報告書を戦時に公表することはまずい。したがって一時的に秘密扱いにすることは許される。だが、アメリカの民主主義の下、いったん正式に作成した報告書を、グルーの控室から取り去り、永久に誰の目にも触れないように、この世から廃棄することは許されない。」と述べ批判している。

ここで、フィアリィの経歴についてみておくことにしたい[54]。フィアリィは、グロートン校を一九三七年に卒業、ハーバード大学四年生のとき、卒業したら二年間駐日大使グルーの秘書をやらないかと、グロートンの学監から電話をもらった。グロートンはグルー大使の母校であり、当時の秘書グリーン（Marshall Green）も、グロートンを一九三五年に卒業後、二年間秘書をつとめ、六月に帰国することになっていた。グルーはその後任をグロートンに依頼していたのである。

フィアリィは承諾し、六月に帰国したグリーンから「グルー一家は、すばらしい。駐日大使館員は、一流で、仕事はそれほど骨の折れるものではなく、戦争の気配が深まっているが、日本はまだ素晴らしい」と聞いていたので安心した。グルーがグロートンの卒業生であるウェルズ（Sumner Welles）次官に電話してくれていたので、国務省でウェルズ次官に会うことができた。

サンフランシスコで乗船した「鎌倉丸」では、重光葵《しげみつまもる》駐英大使に会い、航海中プールで一緒に球技（Tossing a ball）に競じた。かれは、数年前、上海でテロの投じた爆弾により、右脚を失ったため、球技は、かれのお気に入りのスポーツであった。時々、米日関係の悪化について、デッキで議論した。重光は、一九四三年外務大臣に就任、「ミズーリ」号上で、日本代表として降伏文書に調印することになる。

横浜に到着すると、大使館の運転手が出迎えてくれ、大使館にある寮では、グリーンから受け継いだメイドさんに出迎えられた。旅装を解く暇もなく、グルー大使から電話がかかってきたので、丘の上の大使の公邸の書斎に行くと、十年も向き合って仕事をしてきたタイプライターから離れて歓迎してくれた。大使とは三十分ほど話したが、母方の祖父であるローレンスからフィアリィについての手紙を受け取った、と言った。グルー夫人にも紹介されたが、彼女は前任者とちがってブリッジをやらないのは残念だと言った。が、大使は、フィアリィのゴルフについてよい報告をもらっていると言った。これは、非常に重要なことだった。グルー夫妻は、これ以上あり得ないほど素晴らしかった。幸先はよいと思って大使邸を辞去した。

翌日、大使館の職員、特にドゥーマン、日本生まれで、日本語が流暢なグルーの腹心、クロッカー（Edward S. Crocker）第一書記、ボーレン（Charles E. Bohlen）、第二書記、最近モスクワ大使館より着任、のち、ローズベルト大統領の通訳・アドバイザー、駐ソ大使、駐仏大使、駐フィリピン大使を歴任、ハットン（Heri H. Smith-Hutton）海軍付武官、クレスウェル（Harry J. Creswell）陸軍付武官、ウィリアムズ（Frank S. Williams）商務官、グルー夫人の長年の秘書、アーノルド（Marion Arnold）と会った。

フィアリィは、自分の主な仕事がゴルフだとわかっていた。グルーは、週末には特に仕事がなければ、ゴルフをしたが、大抵は、ドゥーマン、ボーレン、クロッカーとフィアリィがお伴し、小金井、霞が関などに出かけた。日本との関係が険悪になり、日本人の友人とは付き合えなくなってきたが、ゴルフ場でもそうだった。ただ、近衛首相などは、グルーとドゥーマンと、重大な時期に、ゴルフや会食ができた。

やがて、グルーとドゥーマンとは、戦争回避の見通しに重大な影響があると信じていた仕事にかかりきりになっていることがわかってきた。このことは、大使館だけの話だったが、フィアリィは、それは近衛首相が、米日関係を手遅れにならないうちに根本的に改善するためにローズベルト大統領とハワイで直接会談するという、近衛首相がグルーを通じてワシントンに伝達した提案に関することだとわかった。近衛が会談でアメリカ合衆国と同盟国とが受諾可能な条件を提示しうることを、グルーはワシントンに伝達していた。近衛は、その条件に関しては天皇および軍最上層部の支持をとりつけてあり、上級将校たちが近衛に同行して会談に出席し、ローズベルトとの合意を承認することによって帰国時に、それに重みを付与する用意があるとグルーに述べており、グルーとドゥーマンは、ワシントンが、その会談に同意することを強力に推していた。

当時、ワシントンとの電信の授受に関して、フィアリィの知識は限られたものではあったが、記録[55]によると、提案に対するワシントンのはじめの反応は悪くはなかった。その考えが、ローズベルトの想像力をとらえた。一九四一年八月後半の日本の野村吉三郎大使との会見で、ローズベルトは、「ハワイまで出掛けるのは、二十一日間も留守にするので、困難なのだと理由をあげた。そして、アラスカ州のジュノー（Juneau）で会うことにすれば、十四日から十五日ですむから、日本の首相と三日ないし四日会話できるだろう」と述べた。会見の終わりにも、「かれは、近衛首相との三日ないし四日の会見には大変興味があり、かれは、もう一度、ジュノー」と言った。八月二十八日の野村経由のローズベルト宛の返信で、近衛は、「外務省、陸軍、海軍、ワシントンの日本大使館から、それぞれ五名、合計約二十名の随員」と述べた。野村は、「使節団に陸海軍の代表が含まれているのは、合意の責任分担上特に役立つだろう、と考えた」。近衛は、このとき、駆逐艦の編成したチームが、かれと随員とを会談場所まで送りとどけるため、横浜で待機している、と述べた。横浜在住の大使館員が、このことを確認した。

しかし、九月三日、ホワイト・ハウスで野村と会見したとき、大統領は国務省が準備した近衛へのメッセージをつぎの文言を含む文章とともに読み上げた。「われわれが提案している会談が成功するように、基本的かつ必須な問題について合意を求めようと、いますぐ暫定的な議論をしようとするのには注意するのが望ましい。私が考えているのは、平和の達成と維持にとって基本的な原理を実際に適用することを事前に議論することである」。野村大使が、大統領に、この会談にまだ好意的か、と質問すると、そうだと言ったが、太平洋地域にふさわしい平和的解決をもたらすには、イギリス、中国、オランダと問題を十分に議論することが、必要不可欠だと付け加えた。(56)

そのあとの会見でも、ローズベルトとハルとは二つのテーマ、すなわち、首脳会談に先立って、基本的、必須の問題に関する同意が米日の議論で行われること、アメリカが事前に中国、イギリス、オランダと相談すること、を繰り返した。九月四日の野村との会見で、ハルは、そうしなければ、われわれが中国人を裏切るかもしれないと、かれらが憂慮するからであると述べた。ハルは、中国に影響を及ぼすさまざまな問題に関して、アメリカと日本の両政府は合意に達していなければならないと感じていた。(57) 蔣介石の反応に対する懸念が、米政権の考えの鍵であったのは、明らかであった、とフィアリィは述べている。(58)

近衛が春に日米首脳会談を最初に持ち出したとき、近衛はグルーに、そして、グルーはワシントンに、なぜ日本の国外でローズベルトと個人的にかれが会うことが必要か、かれが外交チャネルで決して提案し得ない条件をそうした会談で提案できるのはなぜなのかを説明した。中国問題および他の問題に関してワシントンが要求する特別な保証をこうしたチャネルを通じて実行しようとすれば、ドイツおよびイタリアと三国同盟を締結した松岡洋右外務大臣が、日本の合衆国との調停を妨害するためにドイツおよびイタリア大使館に情報を漏らし、近衛は暗殺されるかもしれず、計画全体が失敗するかもしれないというのである。さらにグルーは、大使館と国務省とが交信しているコード（暗号）にも敵意ある機密漏洩の危険がある、大使館はコードの一つは依然として安全だと考えていたが、近衛は、日本の暗号責任者は、すべての暗号を解読していたと信じている、と述べた。大使館は、アメリカが日本の暗号を解読したこと、東京とワシントンの日本大使館との電信すべてをワシントンが知っていることを知らなかった。[59]

一九四一年六月にドイツがロシアに侵攻、松岡が外相を辞任させられたあとで、近衛はグルーに、グルーはワシントンに、松岡が外務省に自分の「子分」を残していて、積極的に情報を漏らし、近衛が大統領に提案しようとしている条件も漏らそうとしていると語った。他方、近衛は、もしかれが陸海軍の高位の代表者に随行され、ローズベルトと膝を交えて会うことができるなら、そうした条件を提示し、原則同意し、ワシントンおよび同盟国の合意に従い、詳細な履行取り決めを実行すれば、日本における安心（relief）および承認の反応は、非常に強いものとなるから、頑強な抵抗者は、それに反対することができないだろう、と主張した。

グルーとドゥーマンは、こうした論拠を支持した。天皇以下日本人は、中国の事業（venture）は成功していないことを知っている、とワシントンでは語られていた。特に、七月の日本の海外資産凍結、日本への石油およびくず鉄積み出し禁止後、中国における終わる見込みのない戦争が、日本を破滅させようとしていた。日本人の大半は、頑固な反対者を除くと、満州からの撤退はしないとしても、中国および東南アジアからは、面子が立てば、決められた計画にもとづいて撤退したいと真剣に希望していると信じるべき堅固たる理由がある。日本は、すでに、満州を九年間、占領し、その経済は母国の経済との統合に成功しているが、満州問題の処理は蔣介石の国民党政府との協議を必要とする特別な問題である。

反対者が、情報を暴露する危険があるため、近衛は、ワシントンが首脳会談以前に求めた中国、インドシナ、枢軸同盟、非差別貿易およびその他の問題に関する明白かつ特別な約束を提示することができないと述べていると、グルーはワシントンに報告した。一方、グルーは、提案する首脳会談では、こうした約束を提示することができ、しかも、天皇の、高位の軍人の、国民の支持を得て、実行できると信ずる強い理由が存在する、と論じた。確実な保証はないが、会談が実現できなければ戦争になる、とフィアリィは判断していた。

グルーが、八月十八日、ハル宛に送った電信を国務省がわかりやすく書き換えた文章の結論の部分は、つぎのようになっている。

大使は、督促する〔中略〕本提案は、日本の歴史上、先例がないばかりではなく、日本の見解に固執する態度は、完全に具体化しているわけではないが、天皇等も承認している。近衛首相とローズベルト大統領との会談による利益は、予測し難い。この好機に、今後の太平洋の平和にとって越え難いようにみえる障害を、それによって克服しうる洋上におけるローズベルト大統領とチャーチル首相との最近の会談のような高度な政治的手腕の見せどころであると大使は、あえて信ずるものである。(60)

何週間も経ち、ワシントンは依然として、近衛の首脳会談の提案を承諾しないので、近衛とグルーは益々失望した。何度もグルーは、首脳会談を最後の最善のチャンスとして受け入れるよう督促した。こうした状況では、人物が重要な差異をもたらす。ハル国務長官の重要な極東担当アドバイザーは、元大学教授であったホーンベックである。その地位に就く前は、中国通で、グルーおよび東京の大使館員の間では、個人的に、日本人を軽蔑し、嫌っている人物として知られていた。首脳会談にははじめは好意的だったローズベルトとハルとが、冷たい態度を示すようになったのは、大半は、かれの影響だったという噂が大使館にもたらされた。こうした会談が取り上げられるに先立って、懸案の問題、特に中国問題に関して明確かつ特別な保証を日本に要求するという政策は、大半が、かれの勧めであった。ホーンベックは、グルーがあまりに長期間、日本に居るので、日本人以上に日本人であり、日本人に対してなすべきすべては、かれらに立ち向かうことであり、そうすれば、日本人は崩壊すると言ったといわれている。バランタイン(Joseph W. Ballantine)指揮の国務省日本班“Japan hands”は、ホーンベックの勧告に同意する傾向があったが、どの程度かはわからないと大使館では言われていた。明白だったように思われたのは、ホーンベックが優位であり、かれの見解が、ハルとローズベルトに影響力があったということである。

十月十六日、近衛は、かれの首脳会談の提案を合衆国が受諾するのを待ったが成功せず、辞任し、東條英機陸軍大将に代わった。グルーとの個人的な話し合いで、近衛は、東條が近衛内閣の陸相であったことを回顧し、会談の提案を個人的に支持していて、大統領との望まれる同意の背後で個人的な力となる用意があったと、東條のことを精一杯誉めた。しかし、グルーとドゥーマンは逆転のチャンスは失われたと信じ、平和への希望をほとんど抱いてはいなかった。ワシントンの話し合いは続き、グルーは、東郷茂徳新外相その他が成功するように全力をつくしたが、かれは、自分の見解では、近衛が提案した首脳会談を諦めて近衛が辞任したとき、ことはすでに決まったのだ、と個人的には率直にフィアリィに対して語った。

禁油と禁止措置の結果、追い詰められた日本人は、たとえその努力が全員の腹切りと同じだとしても、外国の経済的圧力に屈しない日本とするために、全面的な必死の試みに頼りうるばかりではなく、そうしようとするだろうと警告する多くの電報を、グルーは十月、十一月に送った。十一月三日のメッセージでグルーは「どんどんときは経っていく」、そして、「合衆国との軍事的葛藤は、危険で、劇的に突然やってくるかもしれない」と言った。その年のはじめに、かれは、東京のペルー大使が外交官の友人に、日本の提督が一杯機嫌で、もし戦争が勃発すれば、パール・ハーバーの一撃ではじまるだろう、と言ったと聞いたことがあると報告していた。グルーの警告と、日本人に立ち向かえば、かれらは崩壊すると言ったと伝えられるホーンベックの見解との対照は、明らかであった。中国びいきのホーンベックの分析はアメリカの東京大使館でも優勢であったが、ハルと大統領とに関してばかりではなく、アメリカの太平洋防衛に責任がある軍事の権威者に関しても優勢であったことは明白であった。

戦争のニュースが東京に届いたのは、十二月八日、月曜日の朝、アメリカでは、日曜日であった。午前八時頃、フィアリィは、アパートから約四十フィート離れた大使館のチャンセリー（事務所）に歩いていった。日本軍が、パール・ハーバーおよび西太平洋の他の地点を攻撃し、大日本帝国大本営が、日本と合衆国および同盟国との間に戦争状態が存在したと宣言した。大抵の大使館員は、ニュースを、カーラジオで聞いていた運転手から聞いていた。

それから、フィアリィは、英語の日本政府の公報、The Japan Times and Advertiserの「号外」を大使館の塀を乗り越え（大使館の表門は閉鎖され日本人の警官が周りに立っていた）新聞配達の少年から二部入手し、一部をグルーにあげた。グルーは喜び、毎日、The Japan Times and Advertiserを入手するように求めた。合衆国の情報活動と歴史家に役立つようにワシントンに送るというのである。

その日（Pearl Harbor Day）の午前十一時頃、外務省の大野らが車で乗りつけ、大使に面会したいと言った。大使は多忙と大使夫人が答え、ドゥーマンも不在だったので、クロッカー第一書記が会うことになった。フィアリィは、クロッカーの部屋にもぐりこむことに成功し一部始終を観察することができた。

短い挨拶を交わした後、大野は、ポケットから一枚の紙片を取り出し、「大使館を代表する貴殿につぎの書類を手交するように命ぜられて居ります」と述べたあと、最初に書類を読み上げた。

合衆国全権大使
ジョゼフ・クラーク・グルー閣下、東京
閣下：貴国と日本との間に、本日、戦争状態が発生したことを閣下につつしんでご報告申し上げる次第です。
結語。
外務大臣　東郷茂徳

それから、以下のステートメント(61)を読みはじめた。


大使館および領事館の諸機能は、本日以降停止されるものとする。

大使館および領事館の職員は、国際的慣習に基づき、保護および生活の便宜を与えられるものとする。

前述の保護および便宜を確保するために、すべての大使館の職員は、大使館の設備内において集合生活することが望まれる。

電話および電報を含む外部との連絡は中止されるものとする。

貴国の利益を代表する国が指名されれば、貴大使館と当該国の代表者との連絡は、貴国の利益を代表する目的に必要であれば、許可されるものとする。

合衆国市民の保護には、十分な注意を払うこと。

すべての無線装置は、直ちに放棄するものとする。

すべての短波装置の使用は、公的、民間を問わず、使用を認めず、引き渡されるものとする。

戦争状態を貴政府に通知した平文での外交電報の使用は、連絡官を通して認められる。

大野は、大使館内の施設にある、すべてのラジオを警察および逓信省の代表者に報告する者を決めるように言ったので、グルーに相談のうえ、この際は、不可抗力だから止むを得ないということで、そうした。

フィアリィ自身は、大学のルームメートが作った小型ラジオを上衣のポケットにもっていて、抑留期間中、誰にもみつからず日本放送を聞くことができた。

大使館員は、大野が来る前に、ボーレンの指示で、大使館の暗号帳とファイルの焼却を行っていた。暗号帳とファイルは大量だったので、効率的に作業することは、大変だった。大野とその代理人は、ラジオだけに関心があり、焼却作業には関心がなかった。大使館では、送信用ラジオは使用しておらず、日本の通信を利用し、すべて暗号で行っていた。

六十五名の館員の生活は、グルーとドゥーマンの指示で、円滑にいった。フィアリィは、子どもを除くと最年少だったので、スポーツ担当に任命された。大抵の館員は、手紙を書いたり、タイプを練習したりしていたが、時間の余裕があった。

フィアリィは、ボーレンなどと協力して、館内に、九ホールのゴルフ場、バドミントンの試合場とピンポン台を用意し、ゴルフ、バドミントン、ピンポンのトーナメントを行った。

ゴルフはグルー大使が好きなスポーツであった。毎朝、グルーはゴルフ場にやってきた。一方、グルー夫人はほとんど毎日、仲間とブリッジを楽しんでいた。

七　報告書の作成作業の開始

十二月も押し詰まった頃、グルーは、ハル国務長官とローズベルト大統領宛に、パール・ハーバー前の交渉に関して、ワシントンが不手際であったとかれが信じた率直で慎重に熟慮した考えを報告する仕事をはじめたと言った。米日友好という大目的に十年間献身した結果が、パール・ハーバーの奇襲に終わってしまったため、グルーは、大使館から見た一九四一年の交渉についての正直な評価を、自分のワシントンの上司と歴史に対して、良心にやましいところなく必ず提示することができると思った。それに対しては、かれだけに責任があり、かれ自身の個人的な報告ではあるが、グルーは、それを準備するにあたって、ドゥーマンおよび大使館の少数のひとびと、とりわけクロッカーとボーレンからの批評と示唆を受けたいと望んだ。報告はもちろん極秘であり、かれらが、それをほかのひとに公開したいと希望しなければ、ハルとローズベルトだけが見るためのものである。

毎朝、グルーは、官邸の書斎でその報告に専念していたが、次第にドゥーマン、クロッカーとボーレンにも仕事がまわってきた。マリオン・アーノルドが、すべてタイプした。三月のある朝、グルーはフィアリィに一部を手渡し、自分のアパートにもち帰ってじっくり読み、おもな政策上の配慮から細かい点についてまでフィアリィの考えと思いついたことを教えてくれないかと言った。フィアリィは誰にも原稿を見せる気はなかったし、自分のコメントをつけて、グルーに返そうと思った。

フィアリィは、二日かかったが、グルーが心からお礼を言ってくれたので、満足だった。「私の知る限りでは、グルーに提出したその書類のコピーは存在しない。したがって、その内容について話そうとすれば、記憶にたよるしかない[62]」とフィアリィは述べている。

一九三二年、フーバー共和党大統領に駐日大使に任命されて以来、グルーは、米日友好関係の促進に、不断の努力を重ねてきた。が、実際には、大日本帝国が攻撃的戦略をとるにつれて、米日関係は悪化の一途をたどり、満州国の問題、中国の問題、インドシナの問題に直面することになった。最後に、グルーは、一九四一年の夏、秋、近衛文麿内閣の時代に、この傾向を逆転させるチャンスが到来したと書いた。グルーが強調したことは、このチャンスを逃してはならないということであった。近衛首相が、日本の政策を根本的に変更するかれの遠大な、ローズベルト大統領との首脳会談を通常の外交チャネルを通じて実行することは、秘密情報が漏れる危惧があり、近衛暗殺そして計画の失敗につながる危険があることを、グルーは、はっきり説明したのである。近衛は天皇および軍部の支持を得て、中国およびインドシナから軍隊を引き揚げる計画をもっていた。しかし、この計画は、一定の期間に段階的に実施し、みじめな降伏のように思われてはならなかった。

ワシントンは、当初、この提案に関心を示した。しかし、間もなく、日本がみずからの誤った政策の結果、直面していた現状を無視し、日本に対して妥協のない要求を突き付けるようになった。アメリカは、日本がまず中国とインドシナから完全に軍隊を撤収し、公開・非差別の貿易慣行に同意し、しかるのちに、アメリカは日本と交渉に応ずるというのである。大使館は、近衛がアメリカと同一の目標の多くを追求してきたが、当時、軍隊が中国およびインドシナに広範囲にわたって駐屯していたというきびしい現実、国民が誤導された政策を追求したため多大な犠牲を払ったことを考慮して、目標を達成するには、一挙にではなく、段階に応じて、しかも、国家という船の進路を変更するのには無理のない期間が必要であると説明していた。

八　『報告書』

(1) 報告書の内容

グルーは、『報告書』では、かれがワシントン宛に電信で、あとでかれの著書で述べたよりも、はるかに詳しく、アメリカ側の諸条件を述べている。

日本は、三国同盟の下で、ドイツとアメリカとが戦争状態に入った場合、アメリカに対して、事実上（effectively）、敵対行為をとらない。

日本は、米日決定合意（U.S.-Japan settlement agreement）の十八ヵ月以内に中国から完全撤退するものとする。

アメリカおよび連合国は、これらの約束およびインドシナと中国からの日本軍隊の撤退開始の証に対して、(a)日本の資産の凍結（freezing）および、日本への戦略物資の船積みに対する禁止（embargo）を一部解除し、(b)署名および批准が日本の本合意における債務に完全に合致するとの明確な了解の下で、通商・航海に関する新条約の交渉を開始するものとする。

日本は、インドシナから軍隊を完全に撤退するものとする。

日本の軍隊の中国からの完全な撤退完了次第、アメリカおよび同盟国は、凍結および禁輸を完全に解除し、新規通商航海条約を実施するものとする。

満州国の処理は、欧州戦争終結後に決定されるべきものとする。

フィアリィによれば、近衛は、ローズベルトに対し、同盟国が勝利すれば、満州国から日本を撤退させることができるのは、明らかであるが、他方、枢軸国が勝利すれば、日本が満州を引き続き支配することは、同様に明白であることを指摘するつもりであった。(63)

さらに、グルーが近衛計画についてほかの場所では述べていないことは、かれと大統領とが会談で合意できることが漏れることを懸念していて、大統領の協力を得て、合意の条件をかれが日本に帰国するまで秘密にすることを計画していたことを大統領に語っていたことであった。帰国次第、近衛は天皇に会い、合意条件に関する承認と、そのように述べられた詔書を得て、直ちに天皇と最高位の軍部指導者の支持の下で国民に放送する。合意に関する国民の反応は、非常に積極的なので、極端な分子はそれに反抗し得ないであろう、と近衛は信じていた。[64]

フィアリィは、つぎのように述べている。

私が研究し、グルーの抑留報告に示唆を行ってから五十年経ち、ノートをとっていないが、上記は、私が読んだことに関する正確な解釈であると信ずる。同時に（Pari Passu）抑制し合うという取り決めが、特に印象に残っている。というのは、交換船「グリップスホルム」号での議論で、グルーが、そのことを強調したからである。第一段階では、日本が行動することが求められた、とグルーは強調した。すなわち、アメリカと同盟国は、日本がインドネシアおよび中国からの軍隊の撤退を含む事前の約束を忠実に実行すると確信するまでは、凍結と通商禁止令とを解除するとか、コストまたはリスクを含むほかの行動を何等とらなくてもよいのだ、と強調した。アメリカと同盟国は、リスクを何等負担せずに、本質的な原則もしくは目標を犠牲にすることなしに、太平洋での戦争を回避するという多くの利益を獲得できるのである。[65]

近衛が計画したローズベルト大統領との会談に関する詳細な条件が、グルーがワシントンに打電した電信に含まれていなかったのは、このように、近衛が情報が漏れることを懸念していたためであることがわかったが、グルーが、のちに出版した書物になぜ書かなかったのかは、わからない。

この報告は、全部で六十ページであった。そして、七通のコピーを作成して、グルー、ドゥーマン、クロッカー、ボーレン、フィアリィ、その他二名が、それぞれ自分の身体に装着して、交換船に乗り込み、乗船後、グルーの客室でグルーに手渡された(66)。

リオ・デ・ジャネイロからニューヨークまでの二週間の航海では、フィアリィはグルー大使と同室だったので、『報告書』について、さらに議論する機会があった。グルーは、ニューヨーク到着後、直ちにワシントンに行く計画であると述べ、同行してくれ、と言った(67)。

一九四二年八月二十五日、「グリップスホルム」号は、ニューヨーク港に到着した。国務省などの役人、新聞記者が、グルーの帰朝報告を聞くために殺到した。これに応じてグルーが即興で感想を述べたのが、五日後（八月三十日）CBSネットワークで放送されたグルーの帰国第一声であった(68)。

グルーとフィアリィとは、列車でワシントンに向かった。ワシントンからは、グルーの車で、グルーの自宅（2840 Woodland Drive）に着いた。グルーは、旅装を解き、手紙を読み、何人かに電話した。それから、二人で早目に夕食をとっていると、つぎからつぎへと六人の旧友がやってきた。ジェームズ・フォレスタル（James Forrestal）海軍長官、ハリー・ホプキンス大統領顧問も来た。かれらは、真珠湾前後のグルーの見解を聞いた。

郵 便 は が き

料金受取人払郵便

日本橋局承認

1337

差出有効期間
2021年6月
19日まで

103-8790

052

東京都中央区日本橋小伝馬町1-5
PMO日本橋江戸通

株式会社 教育評論社
愛読者カード係 行

ふりがな		生年	明大 昭平
お名前		男・女	
ご住所	〒 都道府県 区 市・ 電話 ( )		
Eメール	@		
職業または学校名			

当社は、お客様よりいただいた個人情報を責任をもって管理し、お客様の同
を得ずに第三者に提供、開示等一切いたしません。

読者カード

※本書をご購読いただき有難うございます。今後の企画の参考にさせていただきますので、ご記入のうえ、ご返送下さい。

書名

お買い上げいただいた書店名

（　　　　　　　　　　　　　　　　　　　　　）

本書をお買い上げいただいた理由

書店で見て　□知人のすすめ　□インターネット

新聞・雑誌の広告で（紙・誌名　　　　　　　　　　）

新聞・雑誌の書評で（紙・誌名　　　　　　　　　　）

その他（　　　　　　　　　　　　　　　　　　　　）

本書のご感想をお聞かせ下さい。

○内容　□難 □普通 □易　　　○価格　□高 □普通

購読されている新聞、雑誌名

聞（　　　　　　　　）　雑誌（　　　　　　　　）

お読みになりたい企画をお聞かせ下さい。

本書以外で、最近、ご購入された本をお教え下さい。

購入申込書　小社の書籍はお近くの書店でお求めいただけます。
直接ご注文の場合はこのハガキにご記入下さい。

書　名	部　数
	冊
	冊

ご協力有難うございました。

（2）グルーとハル国務長官との会談

翌朝（八月二十六日）、『報告書』の原本をもったグルーとフィアリィは、グルーの車で国務省の南西の角にあるハル国務長官の邸宅に向かった。十数人の記者とカメラマンが待ち構えていてグルーに質問を浴びせかけ、フラッシュがたかれるなかを二人は、事務所にたどりついた。ウェルズ国務次官は不在だった。少し待っていると、グルーは招じ入れられた。フィアリィは、部屋の外で待ち、われわれの経験についてハルやウェルズの秘書の質問に答えた。

ほぼ、二十五分経った頃、国務長官のかん高い、明らかにいらだったテネシーなまりの声が、樫の木のドアを通して伝わってきた。かれがなんといっているのかは、聞き取れなかったが、話し合いがうまくいっていないのは、明らかだった。やがて、ドアが開き、いくらか動揺した様子のグルーが現れた。ハル長官の姿は見えなかった。まだ昼には早かったが、グルーは、二ブロック歩いてメトロポリタン・クラブで昼食にしようとフィアリィを誘った。

席につくと、何かあったんですか、とフィアリィは尋ねた。グルーは、『報告書』をハルに手渡し、これは大使館の主要なメンバーからの批評と示唆を得ているが、グルーだけが責任を負う個人的な『報告書』である、と説明した。そして、さらに、ハルが知っていることだが、一九四一年後半の日本の状況についての大使館の評価と、合衆国がたどるべき進路についての見解および推薦がワシントンで受け入れられなかったこと、これには東京では分からないがワシントンでは知られていた要因があったのかもしれないが、そうした要因は、大使館に伝達されることはなかったし、大使館が送ったメッセージの大半は回答を得ていない、と説明した。(69) それにもかかわらず、抑留中、グルーは、東京で利用できた記録を見直し、パール・ハーバー前の交渉の過程について自分の率直な評価を、国務長官と大統領、それから国務省の分類されたファイルのために記録に残すことが自分の義務だと感じた。これは、自分の隠し立てのない、機密の報告で、ほかの誰にも渡していないし、国務長官の承認なしには渡すつもりはないと説明した。

国務長官が、『報告書』の頁を繰りはじめると、かれの顔は、こわばり紅潮してきた。しばらくすると、かれは報告書の半分を机越しにグルーのほうに投げ返し、「大使殿、あなたが、この報告書とあなたがもっている、すべてのコピーを破棄するか、われわれがこの報告を出版して誰が正しかったか、誰が誤っていたかを、アメリカ国民に決めてもらおうではないか」と言った。びっくりして、グルーは、「これは自分の隠し立てのない、ワシントンの上司に対する機密の報告で、良心に誓って破棄することには同意しかねます。国民の一致が必要欠くべからざる戦時にあって、出版の当事者の一人となって公開討論するのも、気が進みません」と答えた。国務長官の承認があれば、グルーは自分が、非常に役に立てることは、全国を講演旅行し、日本の軍事力と、最後には必ず勝利に終わるが、長期におよぶ太平洋戦争に備える必要とを、アメリカ国民に対して知らせることだと決めていた。国務長官の回答は、「大使殿、明朝、十時に再度お越し頂き、私が提案した代案にご返事頂きたい」というものであった。

翌朝、グルーとフィアリィは、再び車でロック・クリーク・パークウェイを南下して、ハルの事務所に向かった。今回は記者もカメラマンも居らず、グルーは、すぐハルの事務所に案内された。樫のドアを通して声がすることはなく、三十分ほどして二人は笑いながら出てきたが、あきらかに友好的であった。

今回もグルーは、メトロポリタン・クラブに行こうとフィアリィに言った。食事中、かれは自分から何も言おうとしなかったので、フィアリィは、あの『報告書』の件はどうなったか、聞いてみた。ハルは『報告書』について何も言わなかったが、グルーが計画した全国講演旅行に対して強い支持を表明した、とのことであった。あとは、ヨーロッパの戦争、その他の話題について話したということであった。

(3) その後の経緯

フィアリィはその後、グルーのつてで国務長官が設けた国務省戦後計画の責任者、レオ・パスボルスキー（Leo Pasvolsky）のところに行って働いた。戦時中は、研究・政策文書を準備していたジョージ・ブレイクスリー（George Blakeslee）と、ヒュー・ボートン（Hugh Borton）の小さな班のメンバーの一人として過ごしたが、その文書は、極東委員会と国務・陸軍・海軍三省調整委員会（State-War-Navy Coordinating Committee：略称ＳＷＮＣＣ）の承認後、一九四五年と一九四六年、占領国日本における連合国軍最高司令官マッカーサー将軍に対する指令として発出された。当時、フィアリィは、引き続き、しばしば、グルーと会っていたので、かれの『報告書』がどうなったかを聞き出そうとした。国務省のファイルを徹底的に調査しても報告書を見つけ出すことができなかったからである。グルーは、その件について議論したいようには決して思えなかったし、ときどき会い戦争終結の頃SWNCCのメンバーであったドゥーマンについても同様であった。

その後フィアリィはワシントンで働くようになった七〇年、八〇年代に、『報告書』のコピーをどうしても、見つけ出そうと決心した。パール・ハーバー前の交渉の研究者が、抑留期間中、現場にいたわが国の大使が、パール・ハーバー直後に執筆したそうした交渉に関する個人的評価にアクセスできないのは恥ずかしいように思えた。このことは、グルーとワシントンとが、近衛―ローズベルト会談の提案に関して、きびしく意見を異にしていたことを考慮すれば、特に正しいように見えた。ワシントンと大使館のそれぞれの論拠の本質的な議論は公文書にあったが、「グルーの抑留中の報告のように雄弁に、説得的に大使館の論拠を提示したものはみたことがない[70]」とフィアリィは、述べている。

『報告書』が、ハーバード大学グルー文書にないことは早くからわかっていたので、フィアリィは、グルーの長年の秘書をつとめたマリオン・ジョンストン（Mrs Marion Johnstone）とグルーの家族にあたってみたが、すべて駄目であった。家族は、グルーが家族と会った最後の機会（グルーは一九六五年死去）に、かれが歴史に対して言いたいと望んだことはすべてかれの書物にあるといった、とフィアリィは語った。こうしたグルーの希望の明白な陳述を得、コピーはどこにもないと納得し、フィアリィは、探求を止めた。[71]

グルーは、著書、Turbulent Eraの第三十四章"Pearl Harbor : From the Perspective of Ten Years"で、かれの抑留時代の報告のテーマを再確認している。つづいて、グルーは著名な歴史家ハーバート・ファイス（Herbert Feis）が、かれの著書、The Road to Pearl Harbor（1950）のなかの反対の見解を、つぎのように引用している。

もし近衛が、グルーが考えたように、ローズベルトに対して信頼でき満足できる新しい種類の約束を与える用意があり、与えることができるとすれば、近衛は、かれの"Memoirs"で語ったはずだが、実際には語っていないし、私が利用した他の記録でも明らかになっていない。近衛は、かれが主宰した会議で、正確に述べられた条件に、好むと好まないにかかわらず、とらわれていた。これらの最新のものは、いま検討した九月六日の御前会議（The Imperial Conference of September 6）で明細に述べられた最小限の要求であった。かれが強硬派をうまく説き伏せるか、それを放棄する絶望的な行動に出て、それを放棄し得たようには考えられない。かれの政治歴のすべてが、そうではないことを示している。[72]

グルーは、かれのTurbulent Eraの説明を、つぎのように結論している。

私は、このあとがきを、ファイス氏の本から引用した一つの文章で、締めくくることにしたい。まさしくファイス氏の本からとったものではあるが、私の当事者の一方に偏した見解では、すべての物語の最重要点なのである。「ワシントンの当局者が、あまりにかれらの文書に近づきすぎ、しかも、かれらは、ひたすら不信に落ち込んでいたために、グルーがみたものに気づかなかったと考えることは、常に可能であろう。[73]

Turbulent Era の三十四章で結論しうるように、グルーが、ハルとローズベルト宛の『報告書』での見解に依然として固執していたのなら、国務省文書および歴史家が利用できるアメリカ外交文書（Foreign Relations of the United States）で、一九四二年にハルに受け入れられた報告で、どうして、グルーは主張しなかったのか？　グルーが、すべてのコピーを破棄したのはどうしてであろうか？

フィアリィは、わからないと述べているが、かれの推測は、以下の通りである。

ハルが受け取りを拒否した『報告書』をハルに押し付けても、何等役に立つことはないし、逆に、グルーはハルと国務省から遠ざけられ、あの時点で、かれが、はるかに重要だと思っていたこと、すなわち全国を講演旅行し、アメリカ国民に日本の軍事力と長期戦の眺望に目をさまさせることに、グルーが必要とした支持を得られないと結論した。さらに、グルーは、戦争の終結を展望し、同盟国が日本に提示する条件、特に天皇の処遇に関して、かれが影響を及ぼしうる可能性を、そこなうようなことがないように希望したのかも知れない。歴史に対するかれの責務に関していえば、上に述べた不利益がもはや存在しないときに、あとになって論文か、本を書けばよいと、結論付けていたかもしれない。この仮説を支持する事実として、『報告書』を障害として取り除いた結果、グルーは、講演旅行を一九四二―四三年および一九四四―四五年に実行することができ、特に天皇に関して、連合国の占領政策に重要な影響をあたえることができた。かれは、また、一九四一年の交渉についての見解を、Ten Years in Japan（1944）、引退後、Turbulent Era（1952）において、より詳細に発表することができた。(74)

私も、フィアリィの推測に同意する。

ハル国務長官は、この計画（グルーのアメリカ全国講演旅行）を承認してくれ、国務省顧問の肩書をあたえてくれた。北部、南部、東部、西部、モントリオールからニューオーリンズ、メインからカリフォルニアにおよんだグルーの講演旅行は、一部はOWIの後援、一部はCivilian Defense（民間防衛）のために、一部は、私が受け取った招待にもとづいた私自身のイニシアティブによって行われた、とグルーは言っている。(75)

グルーは、ボストンの上層階級の出身で、一九一九年一月、ベルサイユ講和会議では、牧野伸顕日本主席全権はじめ、全権の人々の知遇を得、一九三二年五月、駐日大使赴任後も、天皇を取り巻く穏健派といわれる人々とは、親密な関係を維持していた。そして、特に、近衛文麿首相とは、最後まで交遊が途絶えることはなかった。

グルーは、「外交が本質的に国防の第一線である」という考えの持ち主であり、近衛首相が、日米間の懸案事項を解決しようとして、ローズベルト大統領との首脳会議（ハワイ）を提案したときには、その大胆な譲歩案に驚きながらも、近衛の真意を疑わず、その実現に努力したことは、よく理解できることである。

はじめは、提案に関心を示したローズベルト大統領も、四原則を主張していたハル国務長官や中国贔屓で日本嫌いのホーンベックの意見に従ったため成功しなかった。しかも、フィアリィが述べているように、大使館は、日本の外務省と出先との交信が、アメリカによって傍聴されていたことを、ワシントンから知らされなかった。したがって、近衛提案は実現するのがむずかしかったように思う。

しかし、ホーンベックの「日本人に対してなすべきすべては、かれらに立ち向かうことであり、そうすれば、日本人は崩壊する」と言ったことに反して、グルーがハルに連絡していたように、日本人は、腹切り的な攻撃を実行したのであった。

帰国後、グルーがハルとの会見後、一九四二年八月二日、『報告書』を記録に残すという自分の考えを変え、対日戦意高揚のためのアメリカ全土講演旅行を行うことを提案して、ハルの全面的協力を得たことは、ベテラン外交官グルーにふさわしい行為であったと言える。つぎに、詳しく述べるように、グルーがＯＷＩのラインバーガー博士の協力も得て、講演し、講演の一部を出版した『東京報告』（Report from Tokyo – A Message to the American People 1942, 邦訳は細入藤太郎訳、一九四六年）は、ベスト・セラーになったのである。

□注

（1）David G. Dalin & Alfred J. Kolatch, *The Presidents of the United States & the Jews* (New York : Jonathan David Publishers, Inc, 2000), p. 157.

（2）*Ibid*., p. 157. Joseph C. Grew, *Turbulent Era* Vol I (Boston : Houghton Mifflin Company, 1952), pp. 270, 271.

（3）*The Memories of Herbert Hoover, Years of Adventure 1874 – 1920* (London : Hollis and Carter, 1952), pp. 144, 145.

（4）フーバー大統領は、「陸軍に若い血を求め」た結果、「ダグラス・マッカーサー将軍を任命することにした。彼の輝かしい能力、立派な性格について、私がここに多くを述べる必要はないであろう」と言った。William Manchester, American *Caesar Douglas Mac Arthur* 1880 – 1964 (N. Y. : Dell Publishing, 1983), p. 157, p. 158.　ウィリアム・マンチェスター、鈴木主税・高山圭訳『ダグラス・マッカーサー（上）』河出書房新社、一九八五年、一五八頁。

（5）拙著『覇権国アメリカの対日経済政策　日米関係１９４５－２００５年』千倉書房、二〇〇五年、軍事秘書フェラーズ准将の天皇戦争責任免責作戦、二三―三〇頁。

（6）一九四五年十月三日、フェラーズはフーバー宛の手紙に「私が作成した天皇に関する覚書〈一九四五年十月二日付〉を同封します。ソ連は日本で流血の革命を起こそうとしています。彼らにとってはいかなる安定要素もタブーなのです」。覚書を受け取ったフーバーは、十月十五日フェラーズにこう返事を書いた。「君の作成した天皇に関する覚書は、全く正しい。作成者を明かさずに、文書の写しをマッコイ氏におくっておいた。アメリカは君のボスのような優れた精神的指導者を必要としている。彼がなるべく早く現職を退くことを希望している。〔中略〕国務省から日本に送られている人間の中には、元共産党員や共産党のシンパがいる」東野真、粟屋憲太郎・吉田裕解説『昭和天皇二つの「独白録」』ＮＨＫ出版、一九九八年、一四五頁。

（7）セオドア・コーエン、大前正臣訳『日本占領革命ＧＨＱからの証言（上）』ＴＢＳブリタニカ、一九八三年、二二五頁。

（8）J. C. Grew, Ten Years in Japan, (New York: Simon and Schuster, 1944), p. 4. ジョセフ・Ｃ・グルー、石川欣一訳『滞日十年（上下）』毎日新聞社、一九四八年。上巻、五頁、一九三二年五月十四日―十八日。

（9）*Ibid.*, p.4. 前掲訳書、四頁。

（10）船山、前掲書、一五頁。

（11）*Ibid.*, p. 446. 前掲訳書、下巻、二〇二頁。

（12）*Ibid.*, p. 337. 前掲訳書、六七頁。

（13）*Ibid.*, p.446. 前掲訳書、二〇二頁。

（14）*Ibid.*, p.368.「東京では日本が米国と断交する場合、大挙して真珠湾を奇襲攻撃する計画を立てているという意味の噂がさかんであった。私がこれを米国政府に報告したことは勿論である」前掲訳書、下巻一〇七頁。

（15）*Ibid.*, pp. 23 - 27. グルー、前掲訳書、上巻、三二一―三六頁。

（16）*Ibid.*, p. 320. 前掲訳書、下巻、四五頁。

ニューディール的判決をくつがえそうとした。なお、会計年度、失業者数、失業率の数字は、*Historical Statistics of the United States, Colonial Times to 1957*, (Washington, D.C.: United Government Printing Office, 1960), p.139, p.711, p.70, p.73.

(40) Thomas E. Mahl, *Desperate Deception British Covert Operations in the United States*, 1939–44 (Virginia: Brassey's, 1999), p. 3.

(41) Whitney Shepardson: -The World Affairs in 1937, (New York: Council on Foreign Relations, 1938), pp.261, 262. 芦田均訳『第二次世界大戦前史』時事通信社、一九六一年、四一一頁。

(42) シャーウッド、前掲訳書、一一七—一一八頁。

(43) Grew, *Ibid.*, pp.359–361. 前掲訳書、下巻、九四—九七頁。

(44) *Ibid.*, pp.361–363. 前掲訳書、九八—一〇〇頁。

(45) 伊藤隆・塩崎弘明編『近代日本史料選書5　井川忠雄　日米交渉史料』山川出版社、一九八二年、「ウォルシュ文書」中のウォルシュの在日中の日記の関係部分の抜粋、一五—一七頁。

(46) Working Analysis of Our (Japanese) Position & Policy in the Far East, with Particular Preference to the United States（井川「日米交渉史料」、八〇—九七頁）。特に米国との関係におけるわれわれの地位と政策の実際的分析（前掲史料、九七—一一三頁）。

（ドラウト覚書の要旨）

① アメリカ国民ないしアメリカ政府の現在の態度は、最早相反する利害関係におけるそれではなく、又圧力団体の宣伝に対する単なる反応でもなく、非常に悪化している。「それは強い感情的反感となっており、複雑な心理作用によって、米国民が英独戦争に対し統一ある国民的態度を執り得ぬことのはけ口となっている。」アメリカでは感情は金銭よりもはるかに

強力であり、政府自体よりも強力である。この感情を克服するには、法律的外交ではなく感情に訴えた外交によって、きわめて短期間に解決すべきである。

② 日米共同で極東モンロー主義を宣言し、欧州列強の政治的帝国主義に対する防壁となれば、極東を欧州戦争と無関係とさせることができ、日米両国が欧州戦争に対する最終の仲介者となり得る。日米戦争を回避し、ソ連に対する地歩を強化できるであろう。アメリカの理想と利益に合致する。

③ 日本としては既成事実に立脚する日中戦争も可能となるであろう。それほど譲歩しないでアメリカの主張する門戸開放原則に同情することは、決して日本の損にはならないはずである。スチムソン氏は勿論、満州国が支那の領土保全に関係ありという主張を放棄しなければならない。

④ 東京又はホノルル（ワシントンではない）で日米全権会談を開催することが、ローズベルト政府の考えのなかにないにしても、アメリカの世論に妥当かつ望ましく見えるように問題を処理することがわれわれの目的でなければならない。日本の首相または外相がアメリカ国民の注意をひくような演説をする（われわれが心理的、外交的演説を提出する）。

「この演説は、野村大使のワシントン到着前に、「善意ある人々に地上の平和」があるというクリスマス気分がみなぎっている十二月二十日頃に行なわれるのがよい。この演説はアメリカの通信報道によって取り上げられるようにあらかじめ工作する。両国政府は同時に同趣旨の声明を出す。時期は一九四一年二月か三月がよい。協定が成立すれば、アメリカは禁輸を廃止し、直ちに通商条約改新の交渉に入る。」加瀬俊一、鹿島平和研究所編『日本外交史（第23巻　日米交渉）』鹿島研究所出版会、一九七〇年、二二四、二二五頁を参照。

（47） 加瀬、前掲書、二五頁。

（48） Memorandum of Conversations, by Mr. Joseph W. Ballantine〔Washington〕March 28, 1941 FRUS, 1941, Volume IV, p.114.

（49） 加瀬、前掲書、二五頁。

（50） The Ambassador in Japan (Grew) to the Secretary of State Tokyo, July 18, 1941-9 p.m.[Received July 18-10:15 a.m.] Foreign Relation, 1941, Volume IV. pp.328, 329.

（51） 七月二十一日第四十回連絡会議近衛第三次内閣成立ニ伴フ初顔合ノ件『杉山メモ（上）』原書房、二〇〇五年、二七四頁

（52） Ronald Lewin, *The American Magic Codes, Ciphers and the Defeat of Japan.* (New York: Farrar Straus Giroux, 1982) p.58.

（53） *Ibid*, P.60.

（54） 以下の叙述はつぎの文献による。Robert A. Fearey. "Reminiscences My year with Ambassador Joseph C. Grew, 1941-1942: A Personal Account," *The Journal of American-East Asian Relations I* (Spring1992), pp. 99-136.

（55） Hull Memorandum, August 28, 1941, U.S.　Department of State. *Papers Relating to the Foreign Relations of the United States, Japan:* 1931-1941 (Washington, D.C. 1943), 2:571; Memorandum of Hull-Nomura Conversation, August 28, 1941, *Ibid*., 2:576.

（56） Roosevelt to Nomura, September 3, 1941, *Ibid*., 2:592; Hull Memorandum, September 3, 1941, *Ibid*., 2:588.

（57） Memorandum of Hull-Nomura Conversation, September 4, 1941, *Ibid*., 2:595.

（58） Fearey, p.105.

（59） *Ibid.*, p.105.

（60） Grew to Hull and Welles, August 18, 1941, *Papers Relating to the Foreign Relations of the United States, Japan:1931-1941,* 2:565.

（61） 出典については、フィアリィは、Ministry of Foreign Affairs, Tokyo, December 8, 1941. No. 136 – StrictlyStrictlyConfidential/-Investigation Ｖ.と注記している。

（62） Fearey, p118.

（63） *Ibid.*, p.119.

（64） *Ibid.*, pp.119,120.

（65） *Ibid.*, p.120.

（66） *Ibid.*, p.121.

（67） *Ibid.*, p.127.

（68） グルー、前掲『滞日十年』下巻、「米国民へのあとがき」三一六―三二二頁。

（69） グルーは、日記のなかで、ワシントンにメッセージを送ることは、夜、小石を池に投げ込むようなものだ、と書いている。 Feary, p.128.

（70） *Ibid.*, p.130.

（71） *Ibid.*, p.130.

（72） Joseph C. Grew. *Turbulent Era:A Diplomatic Record of Forty Years,* 1904-1945　(Boston, 1952), volume ll, p.1355.

（73） *Ibid.*, p.1375.

（74） Fearey, p.131.

（75）　J.C. Grew. *Turbulent Era* II, p.1381.

第五章　グルーの全米講演原稿

一　グルーの全米講演と演説原稿

グルーがハル国務長官によって国務省顧問の肩書をあたえられたことは述べた。ラインバーガー博士は、米陸軍省諜報部心理戦争課ソルバート課長の下で、極東班長をつとめていたが、組織変更に伴い、一九四二年九月二十五日には、ＯＷＩ（戦時情報局）海外作戦計画情報委員会上級地域（極東）専門家に任命されていた。ソルバート課長のデイビス（Elmer Davis）ＯＷＩ局長宛、一九四二年十月五日付メモ(1)によると、ソルバート課長は、

当課のラインバーガー博士は、日本関係の演説草稿作成で、グルー大使を助けるべく任命されております。彼は、これまで二つの演説原稿と論文一点を完成させ、今後六週間のうちに、約十五の原稿を用意することになっております。

グルー氏は、できるだけ多くのＯＷＩのガイダンスを希望しております。ラインバーガー博士は、ＯＷＩ、国務省、陸軍および海軍の対外政策に精通していますが、国内および一般的な

指示については、詳しくありません。彼は、デイビス局長が、アメリカ人、カナダ人に対して、グルー大使が正確に何を伝えて欲しいのか、私に尋ねました。

と述べ、都合のよいときに、ラインバーガーと会って、直接アドバイスをしてくれるように依頼している。デイビス局長は、ローズ奨学金の受領者で、アメリカで、もっとも人気のある時事解説者であった。ラインバーガーのデイビス局長宛一九四二年十月十五日付メモ(2)によると、ラインバーガーは、

グルー氏は、あなたの指示によって、私がかれの演説の草稿を手伝うのを望んでいるが、一九四二年十月二十七日、ニューヨークの全国共和党クラブ（National Republican Club）で、"National Solidarity"〔国民の団結〕と題して十五分間講演の予定だが、厄介な題なので、あなたのご意見をお聞かせ頂ければありがたい。

もう一つは、グルー氏は、中西部で一連の政府協賛の講演会を行う予定だが、かれはどの程度オフ・レコで話せばよいか知らない。あなたの指示に従って原稿を準備したい。

と述べている。

二　グルーとラインバーガーの打合わせ

グルー国務省顧問はベテランの職業外交官であり、当時六十二歳。一方、ラインバーガー博士はジョンズ・ホプキンズ大学で博士号（政治学）を取得した新進の政治学者で、当時二十九歳であった。ラインバーガーが演説草稿作成のためにグルーの自宅を訪問したのは、一九四二年十月十一日であった。ラインバーガーは知日派であり、ラインバーガーは親中派であったが、両者は、お互いの立場を尊重し、ラインバーガーは専門的な立場からアドバイスし、グルーも率直に意見を述べている。以下は、ラインバーガーが書き残したメモの主な内容(3)である。

講演の冒頭では、

われわれの対外交渉（foreign service）は第一線の防衛であり、対外交渉が成功すれば、陸海軍を出動させることは必要ではない。

私は、建設的調停（Constructive Conciliation）の信奉者であった。日米間に健全な基礎を築こうと試みてきた。例えば、米内《よない》〔光政《みつまさ》〕内閣が成立したときには、見通しは有望のように思われた。

私は、日本人に、われわれと良好な関係に留まっていれば、かれらが手に入れることができるもの――十分な原料、金融協力、国の安全――を示し続けた。われわれが要求したことのすべては、かれらが公的な行動を中止することであった。

われわれは、「日本人に経済的に獲得しうるものをすべて提供した」と述べること。

グルーは、下層階級の日本人は、ただ単にそうしろと言われたから陸軍に入る。しかし、ひとたび軍に入ると、狂信的になり、残忍な行動を吹き込まれるのだ、と考えているのがわかった。

私は、グルーに、左派はかれを、多額のソ連援助を避けるように、日本に圧力を加えようとした反政府活動家として攻撃していると述べた。そこで、私は、かれらについていいことを言って驚かすべきだと言った。攻撃を回避する最善の方法の一つは、攻撃者に関して予想外に好ましいことを述べるのが、宣伝（Propaganda）の金言だと思うからと言った。グルーは、かれが時代とともに歩んでいないと攻撃されたことを認識していると述べた。かれが一度も会ったことがない人が、ボストンのことに言及して時事諷刺的なことを書いた。実際、グルーは、ニュー・ディールのすべてを認めているわけではないが、世界全体はいま、ニュー・ディールを必要としていると思った、と述べた。かれは、ジェームズ・グラフトンが、ニューヨーク・ニューズに、かれの考えを驚くほど綿密に述べているのを見たのだが、と述べ、極めて率直に、その一部を利用するのはどうかと尋ね、グルーは、それを信じていると指摘した。

私は、攻撃は、完全に健全ではない政治宣伝であると述べたが、グルーは私の言いたいことはわかったと言った。

遠まわしであっても、できれば天皇（the Throne）に言及しないこと（Do not refer to the Throne, even obliquely, where avoidable）。私は、グルーに、松平〔恒雄《つねお》、宮内大臣〕もしくはほかの宮内省（the Household Ministry）の人が、宮中の意見を反映しているかどうかを聞いてみた。グルーは、自分が松平の友人で、しばしば会ったが宮内省の官僚の誰も宮中内で起こったことを外部で議論したことは、一度もなかったというのが答えであった。

かれは、日本の新聞・ラジオが引用したがるような人物の声明を使用することに同意した。かれは、国務省内部で反対があるだろうと思ったが、それでも利用しようとしたと答えて微笑した。

日本は、外国人の心理がよくわからない（Japan is weak on foreign psychology）。三国同盟調印後、われわれは、アメリカ国民に、日本のことを相手にしないよう話した。グルーはゴルフをしていた。土曜の午後であった。特使が来て、至急外務省に来るようにいった。かれは、ゴルフを中止し、外務省に行った。そこには、陸海軍の代表を含む全員が出席していた。松岡〔外務大臣〕が、アメリカの反響を聞きたがった。グルーは、三国同盟に対するアメリカの行動であったと考えたが、日本人がわれわれに敵対行動をとるなら、われわれがより一層の行動にでることになると指摘した。アメリカ合衆国で教育を受けた松岡でさえ、こうしたことを理解できない。

共栄圏を攻撃せよ（Attack the Coprosperity Sphere）。

アメリカ合衆国との戦争が不可避だと言える転換点はなかった。

これ以前にもラインバーガーは、グルーの自宅に手紙（一九四二年十月二日付[4]）を出して、十月八日、トロントで行う予定の草稿を届け、率直なご意見をお尋ねしたいと書いている。そこで、宣伝の立場からすると、グルーが希望しなければ、同じような講演は行わない方がいいのではないかと書き、宣伝にとって重要なのは、時宜を得ていることと、ニュースとしての価値だが、中心的なテーマに沿って、いろいろ述べた方がいいのではないか、と示唆し、「中心的なテーマとは、勿論、敵として日本の恐るべき、向うみずな国民性であり、訴えるのは、アメリカ国民にこの危険に気付かせることである」と書いている。そして、「あなたの講演が組織的な心理学的接近方法の一部となるように努力しているが、あなたが帰国後に発表された初期の講演は、私が望んでいるＯＷＩの宣伝政策に一致していることを付言したい」と手紙を結んでいる。そしてラインバーガーは、そのほかの代筆作家のスミス（Bradford Smith, 有名な山岳作家）に対しても、その講演草稿を海外宣伝への効果からみて私がチェックした、とグルーに連絡している[5]。

その後、グルーは全米各地で講演会を行うことになる。ここでは、一九四三年末までに二五〇回行われたといわれる講演旅行について、一九四二年十月分の講演日程と講演内容、それについてラインバーガーが、鍵となる宣伝テーマについて述べたもの（表、次頁）で紹介することにしたい。

表　グルーの講演日程*（一九四二年十二月）

日	開催都市／会場	講演会の内容・主催団体	ラインバーガーによる鍵となる宣伝テーマ**
8日	トロント	全国戦勝貸付け運動	日本の敵の恐るべき特徴。
10日	ニューヨーク／カーネギー・ホール	中国救済協力	中国―アメリカ協力の必要性。
19日	ニューヨーク／ウォルドルフ・ホテル	戦時金融会議	平和的国際関係における金融および一般的経済政策の基本的な誠意。国内経済が国際連合と両立することの保証。日本を悪い、脅威の事例として利用すること。
20日	ニューヨーク／リッチモンド	戦争と共同募金	戦争に関する道徳的価値。中国と物資の両立（教会のグループを特に強調する）。
21日	ニューヨーク	ニューヨーク・ヘラルド・トリビューン紙主催（本と著者）。ラチモア（Lattimore）とホワイト（W.L.White）との午餐会	美術に関する自由の価値。日本の自己自身の文化的存続力に対する攻撃。各地に自由で洗練された人間を、という国際連合の約束（二次的テーマ。日本の軍国主義の破滅から救済される多くのすぐれた文化的に魅力あるひとびとがいるという事実の強調）。
27日	ニューヨーク	全国共和党クラブ・晩餐会	国民団結の必要性。枢軸国家の団結との対照。日本の強制された統一。すべてのアメリカ人は、共和党員で民主主義的であり、われわれの同盟国のすべては、いずれかが両方であるという陳述を詳しく述べる。
29日	ボストン／スタットラーホテル	産業同盟	日本人の労働者および資本家が軍事機構によって服従させられている事実を物語ること。対照的にわれわれ自身の自発的動員を述べる。産業と政府の間の信頼ある熱心な協力を訴えること。

＊　ラインバーガー文書（1）、P.1. をもとに作成。意味のとれないところもあるが、そのまま直訳した。

＊＊　ラインバーガー文書（1）、P.366.

三　“Report From Tokyo”の出版

Report From Tokyo[6]は、大戦勃発一周年を機会に、一九四二年十二月七日、グルーが行った演説の一部を出版したものである。そのはしがき（Preface）で、グルーはつぎのように書いている。

本書の目的は、対日戦争について、わが同胞諸君の大半が抱いている考えの誤りを訂正することにある。一九四二年八月二十五日、東京から帰って以来、私が推測しえた限り、同胞諸君の考えは、日本は比較的弱く、容易に敗れるという根拠のない先入観に影響されているのが明らかである。こうした考えは、誤りであるばかりではない。われわれの戦闘精神、われわれの戦争努力、われわれの勝利への団結した意志にとって重大な危険である。このような考えに固執すれば、われわれの終局の勝利に重大な障害となろう[7]〔中略〕戦争における公理の第一は、汝の敵を知れ、である。アメリカ国民は、全体として、敵のひとつである日本の実力について誤った知識しか持っていないが、これは危険である[8]〔中略〕

私は、たびたび演説で引用してきたアメリカ軍人の日記の一節をもって、この短いまえがきを終わろうと思う。これは、マーティン・トレプトウ（Martin Treptow）が、一九一八年、シャトー・ティエリーで、彼が祖国のために死ぬ少し前に書いたものである。彼の燃えるがごとき言葉は、赤い血の流れたアメリカ人ならば誰でも、勝利への誇らかな決意をもって、取り、かつ運ぶべき教導のたいまつの火となるに違いないものである。「働こう。救おう。忍ぼう。」心地よく戦い、最善を尽そう。あらゆる戦いが自分の双肩にかかっているかの如く。

ワシントンにて一九四二年十一月　ジョゼフ・C・グルー(9)

ちなみに、一九八一年一月二十日、アメリカ合衆国第四十代大統領ロナルド・レーガンが、大統領就任演説のなかで、このマーチン・トレプトウの言葉を引用し、日本の新聞でも報じられたので、記憶している人もいるかもしれない。

続く各章のうち、ラインバーガーが宣伝文の理想としていると著書のなかで述べたグルーの初期の講演"Return from Tokyo"では、グルーが交換船「グリップスホルム」号で一緒になったスパイ容疑のアメリカ人の年長の宣教師から聞かされたことが述べられている。

彼が縛られて地面に寝かされていると、一人の日本人が長靴の底で彼の顔を踏みつけ、残酷にも彼を蹴って肋骨を一本折ってしまった。やっとのことで、縄は解かれたが、その時は、彼はもう立っているのがやっとであった。そして、彼が肋骨が一本折れたらしい、と言うと、日本の警官が、どこの肋骨が折れたのだと尋ねて、彼の身体をなでて探しはじめた。骨折のところに手がくると、その男は、「ここか」と言ったので、「そうだ」と答えると、その男は拳をかためて、折れた肋骨の上を力一杯なぐりつけた。(10)

グルーは、南京の残虐行為などについては、間接的に聞いていたが、「この船の中では、これらのことについて直接の証言を聞いた[11]」と述べている。こうした残忍な日本に対してどう戦うべきかについて、"How We Must Fight to Defeat Japan"（日本を撃滅させるにはどう戦わねばならないか）の章では、日本を撃滅させるために必要なのは、第一に日本軍が一時占領した基地および地域から日本軍を徐々に、しかし漸次、撃退すること、第二に日本海軍、商船隊および空軍を徐々に、しかし、漸次、撃砕することであると述べ、日本人は、ドイツ人とちがってなかなか降参しない手強い相手であることを強調して、つぎのように述べている。

私は日本を知っています。十年日本に暮しました。私は日本人を親しく知っております。日本人は決して降参しません。精神的にも、心理的にも、経済的にも、終局の敗北が眼前に控えている時でさえ決して降参しません。〔中略〕ただ完全な具体的な人的、物的な破壊と消耗とによってのみ、彼らを打破することができるのです。これがドイツ人と日本人と相違する点です。ここに日本と戦う困難さがあります。[12]

同書は、発売後、数週間で十三万部売れた。その一方、十二月三十一日、大本営はガダルカナル島撤退を決定した。戦況は、アメリカに有利に展開しはじめた。翌一九四三年一月十四日、戦争終結を視野に行われたカサブランカ会談で、連合国は枢軸国の無条件降伏の原則を決定した。二月一日、日本軍はガダルカナル島撤退を開始、五月十二日、米軍がアッツ島に上陸、五月二十九日、日本軍守備隊二五〇〇人が全滅した。

このように戦局が大きく転換するなかで、一九四三年十一月二十二日から二十六日にかけて、ローズベルト、チャーチル、蔣介石三人による第一回カイロ会談が開かれた。会談二日目の十一月二十三日、ローズベルト、蔣介石の晩餐会談（午後八時）では、ローズベルト大統領は、戦後、日本国天皇制を廃止すべきかどうかについて、蔣総統の見解を質した。総統は、天皇制の存廃は日本の政治形態の問題と関連しており、したがって、性急のあまり国際関係に千載の悔恨を残すような過ちを犯さないためにも、戦後、日本国民が自ら決定するよう彼らに任せるべきであると述べた。[13]

一九四三年十二月一日、連合国の対日戦後処理に関するカイロ宣言が発表された。[14] その内容は、(a)第一次大戦開始以降日本が奪取・占領した太平洋のすべての島を剥奪する、(b)満州、台湾および澎湖島《ほうことう》のように日本が中国から盗取したすべての地域を中華民国に返還する、(c)暴力・貪欲により日本が略取したほかのすべての地域から日本が駆逐される、(d)朝鮮人民の隷属状態に留意し、やがて朝鮮を自由・独立のものにする決意を有する、というものであった。そして、最後に、三国がほかの連合国と協力して日本の無条件降伏をもたらすまで長期間の行動を続行することを宣言したのであった。

四　シカゴ演説

このように日本の無条件降伏と「戦後」が意識されはじめる状況のなかで、一九四三年十二月二十九日、グルーはイリノイ教育協会の九十周年を記念する晩餐会に招待されて、「極東における戦争と戦後問題」(15)と題する講演を行った。この講演でグルーは、まず、「日本の軍事的侵略性という害悪について言えば、最終的対日戦後処理にあたっての、われわれの基本的第一目標は、日本という国家からあの軍事的な癌を根こそぎ、かつ永久に切除することである、というのが私の推断でありますす」と述べる。そして、「われわれのなかには日本に「自業自得の苦しみを味わわせ」ればよいと主張する人々がいるが、そのような説には、政治家らしい、高い識見をうかがわせるものを認めることができ」ないとして、神道の問題につぎのように言及した。

わが国には、神道は日本の諸悪の根源であると信じている人々がいます。私はそれには賛成しかねます。軍国主義が日本に跳梁跋扈《ちょうりょうばっこ》するかぎり、軍事指導者は、軍国主義と戦争の功徳を強調するため、過去の軍事的英雄の霊に対する尊崇を力説することによって国民の感動性と迷信性に訴えるという方法で神道を利用するでしょう。軍国主義が滅びたとき、そのような力説もまた聞かれなくなるでしょう。神道は必然的に天皇への尊崇を意味するものであり、したがって、ひとびとが日本が軍部に支配されない、平和志向の統治者の盾に守られるならば、神道のもつそういった側面からは、再建後の日本において資産となることはあっても、負債となるはずはありません。

グルーは、私見の最後に、「勝利を収めたとき、われわれが現在の戦いの大義としている原理を実行する用意をしておかなければならないという点であります。勝利者としてのわれわれの態度が、全住民に復讐を加えたいという欲求に支配されるままになるならば、それが将来における反乱と混乱の病巣を取り除くことにならないのはたしかでしょう」と述べている。

グルーのシカゴ演説は、大きな反響を呼びおこした。神道こそは日本軍国主義の宗教的源泉であると思い込んでいたアメリカ人にとっては、グルー演説は驚くべきものと映ったからである。一九四四年一月二日付『ニューヨーク・タイムズ』紙社説[16]はそのよう反響を代表する一例で、つぎのように述べていた。

第一に、日本は主権が国民にではなく、天皇にある神権国家である。ケロッグ不戦条約も条約文が定めるとおりに「人民の名において」批准するのではなく、天皇の名においてこれを批准する旨を明確に宣言した。日本国民が立憲君主制あるいは他の政治形態の下で暮らしたいと考えるかは彼らの自由である。しかし、国民自治に依拠する真の民主政体を発展させる能力を欠き、天皇を支配するおそれのある勢力の支配にたえず従う専制的神権政治体制をあえて後押しするのはわれわれの公言に反する。第二に近代神道は、ナチズムと同じく「八紘一宇」の原理にもとづく領土拡張の教養となり、日本国天皇の支配の下に全世界を「統一する」ことを求めている。太平洋地域のわが軍が神道および日本国天皇に象徴されるいっさいのものを敵として戦っているときに、それらを擁護する言動を行うことは不適当に思われる。

ここで、グルーが、シカゴ演説の約一ヵ月前に『サンフランシスコ・ニューズ』のジョン・S・パイパー宛に書いた一九四三年十一月三十日付書簡(17)を紹介しておきたい。グルーの真の意図がよくわかるからである。

日本滞在中、私は親密かつ信頼すべき筋から、日本の天皇は心から平和を希い、平和を維持するためにできるかぎりのことをしたという話を聞いて知っております。彼は軍国主義的極端主義者に説き伏せられ、開戦の詔書に署名したにすぎません。なかば神とみなされている天皇が、たんなる象徴以上の何ものでもなく、かつ軍国主義者に抵抗できないほど無力だというのは、まさに日本の奇妙なパラドックスの一つです。

心理戦の政策との関連でいえば、天皇への言及は避けた方がよいというのが私の意見です。わが国では天皇に対する偏見が強い。事実が何であれ、また天皇がたとえ象徴にすぎないにしても、彼に戦争の全責任がある以上、そのような偏見は論理的にはまったく正当です。しかしながら、天皇を公然と攻撃すれば、日本国民をわれわれに対する憎悪でこり固まらせるだけでしょう。日本軍指導者の宣伝にもかかわらず、私は日本に立派な人々がたくさんおり、彼らは基本的にわれわれになんらの憎しみも抱いていないことを知っております。これらの好ましい要素は、日本の軍機関が完敗し、国民の眼の前で権威を失墜したあと、健全な何ものかを構築するにあたって、協力しあうことのできる要素だと期待します。ドゥーリットル将軍が、勧奨されたにもかかわらず、皇居を爆撃しなかったことに私が謝意を表する理由の一つは、ここにあります。

将来、天皇に何が起ころうとも、天皇制は残すべきだというのが私の堅い信念です。日本に民主主義を接ぎ木しようとしても、混乱に終わるだけでしょう。天皇制〔the institution of the Throne〕が日本人の生活の礎石であり、最後の頼みであるかぎり、それは、われわれが日本から軍国主義を追放した暁には、健全な（政治）構造を打ち樹《た》てるときの土台として利用できるものです。私はわれわれがこの事業をなしとげることができるし、必ずやりとげるであろうことにほとんど疑いをもっておりません。

グルーは、シカゴ演説で、日本との和平条件について話す前に、「これはあくまでも私の個人的見解であって、いかなる点においても政府見解を反映するものではありません」と述べている。また彼は演説に先立って、演説の全文を国務省、陸軍省、戦時情報局に見せ、その承認を得ていたことを、のちに国務省極東局日本部長ディッコーバー宛一九四四年一月十九日付書簡で伝えている。(18) しかし、批判の声が強まる中、グルーはハル国務長官から演説を中止するように言われ、(19) 以後、全米講演旅行の中止を余儀なくされたのであった。

グルーの演説の一部は、アメリカ側の宣伝文書の一部に使用された。一九四四年二月二十三日、細川護貞が外務大臣邸で、タイ国にアメリカが飛行機から撒布した宣伝文書の「軍陣新聞」を見た。その内容は、グルー大使の演説を引用し、「此の戦争は日本の国民も、否、御上も欲せられ給はざりし戦争にて、唯陸軍及び戦争挑発者が仕組みたる戦争なり」とし、また大和魂と題する所説では、日本民族が元来平和愛好民族であって今日大和魂が好戦的精神のように考えられているのは大いなる誤りと結論している。(20)

五　グルーの対日戦に関する見解

一九四四年五月一日、グルーは国務省極東局長に就任、さらに同年十二月四日にはローズベルト大統領によって国務次官に任命され、ステティニアス国務長官と二人三脚として、国務省改革の中心人物として活躍することになる。また、この間の五月十五日には後述するようにTen Years in Japanを出版した。

本節では、これらを除くグルーの講演、議会証言、記者によるインタビューなどで、『ニューヨーク・タイムズ』紙で報道されたものを時期別に紹介する。(21) それぞれの事例の冒頭に、記事の通し番号、該当する記事の見出しの大意をかかげた。

《一九四三年一月〜六月》

この時期には、一月十四日、カサブランカ会議が行われ、枢軸国の無条件降伏の原則が決定され、二月一日、日本軍がガダルカナル島撤退開始、五月十二日、米軍がアッツ島に上陸、五月二十九日には、日本軍守備隊二五〇〇人が全滅した。一方、五月三十一日、御前会議で「大東亜政略指導要綱」（マレー・蘭領インドの日本領編入、ビルマ・フィリピン独立などの方針）が決定された。

①グルー、**日本の軍事的・外交的策略に警告**

（記事の概要）グルー前駐日大使は、一九四三年一月十六日ニューヨークのウォルドルフ・アストリア・ホテルで開催された全国共和党婦人倶楽部（The Women's National Club）の第二十五回年次晩餐会において講演した。(22) 日本人は、「柔術」という軍事的・外交的策略を用いそうだ、と警告を発した。敗北の危険が迫ってくると、日本人は、平和攻勢を仕掛けて、連合国を安心させようとするのではないか。うわべは、自由主義的な傀儡の非軍事内閣を組織するようなことまでして、連合国を安心させたうえ、あとでは、東アジア・南海（Eastern Asia and the South Seas）を支配しようとして攻撃を再開するのでないか、と言うのである。

グルーは、現在、日本の指導層は勿論、日本国民さえ、かれらが獲得したものを維持できないとは思ってもみないだろう。だが、連合国の攻撃が、勢いを得て、日本人の確信が揺らいできたとき、日本の策略の変化が予想できると言うのである。「日本人の自己防衛という柔術は、こうした策略がどんなものかという手掛かりをわれわれに教えてくれる。この術のエッセンスは、敵に主導権をとらせることである」として以下のように述べた。

日本人は、こうした攻撃のための基盤を念入りに準備することができる。すなわち、軍部指導者は、何人かの政治家を引退させ、自由主義的なレッテルの男を傀儡の非軍事内閣の首相に据える。この段階では、自由主義を選んで軍事政権を転覆させた、と宣伝する。新首相から、日本は公正な基礎にもとづいた平和協定を締結する用意があるとほのめかし、もし連合国が少なくとも、かれらが獲得した領地から日本軍が引き上げるまで待たないで、挑発に乗れば、それは、日本軍にとってよいことだが、もし、連合国が、日本軍の引き揚げが、平和交渉の必要条件だと主張すれば、こうした引き揚げは、連合国のひとびとを騙す機会であり、さらに、戦争を続行するにあたって、連合国のひとびとを不熱心にさせるなら、〔日本人にとって〕そうするだけの価値はある。

（『ニューヨーク・タイムズ』一九四三年一月十七日付）

②グルー「**日本人**と「**本当**の**平和**」を**築**くのは、**容易**」と**宣言**

（記事の概要）グルー氏は、一九四三年六月四日、ケンタッキー大学（The University of Kentucky）の卒業式で講演し、日本人は打ち破るのは難しいが、「本当の平和」（a real peace）を築くのは容易であろう、と宣言した。[23] 以下、講演の内容を整理してみる。

「日本人は不撓不屈の献身的行為で挑戦してくるが、われわれアメリカ人が全力をあげて戦う大胆な企てを、もっていない。しかし、かれらは、お互いに礼儀正しく、協調的であって、何か言われると恐ろしいほどの気づかいを示すのである。

したがって、「こうした性質は、日本人が、人間対人間として打ち勝つためにもっとも手強い敵であることがわかるのであるが、もしも、われわれが、いま日本を束縛している、ほら吹き(braggarts)や名門から、かれらを解放してやれば、本当の平和を築くのは、もっとも容易な(The easiest people)、ひとびとになるという不思議な矛盾を説明するものである。」

(『ニューヨーク・タイムズ』一九四三年六月五日付)

《一九四三年七月〜十二月》

この時期には、八月一日、日本占領下のビルマで、バー・モウ政府独立宣言、米英に宣戦布告、日本・ビルマ同盟条約が調印されたが、九月八日、イタリアが無条件降伏し、九月三十日御前会議では、絶対防衛線をマリアナ・カロリン・西ニューギニアの線に後退することに決定された。十月十四日、フィリピン共和国独立宣言、日比同盟条約が調印され、十一月五日、大東亜会議が東京で開催され、日・満・タイ・フィリピン・ビルマ・汪政権の代表が参加し、十一月六日共同宣言が発表された。

一方、十一月二十二日、ローズベルト・チャーチル・蔣介石が、カイロで会議(十一月二十七日カイロ宣言)した。十一月二十五日には、日本軍、マキン・タラワ両島守備隊五四〇〇人がほぼ全滅するにいたった。

③グルー、**日本**の**武装解除**などをきびしく**要求**

（記事の概要）グルー前駐日大使は、一九四三年八月二十八日、「平和組織研究委員会（Commission to study the organization of Peace）」で準備された講演会[24]で演説した。[25]その内容は以下の通りである。

1　戦争終結時には、日本は武装解除され、占領した土地を放棄しなければならない。

2　日本と軍事指導者と恐ろしく、まったく野蛮で残酷な行為を捕虜（Prisoners）ならびに病人に対して行ったもの、連合国の非戦闘市民に対して行ったものも罰せられなければならない。

3　異端的な軍国主義崇拝を日本人から永久に取り除くために、効果的な手段を講じなければならない。

4　日本は連合国との戦争が終結したときには、かれらが来るべき改善の希望を奪われないかぎり、新しい方向付けと展望を歓迎するだろう。

（『ニューヨーク・タイムズ』一九四三年八月二十九日付）

④グルー「**政治的孤立主義**は**時代錯誤**」

（記事の概要）グルー前駐日大使は、一九四三年九月二十六日午後、退役軍人ニューヨーク支部

(The Veterans of the New York division) が、前大戦で死亡した軍人を顕彰するために、ニューヨークのセントラル・パークで、二十五周年記念行事を行ったが、主客として演説し、つぎのように述べた。(26)

現代の世界において、政治的孤立主義は、時代錯誤となった。そして、そのような責務に対して無関心をよそおうことを主張する人々にこそ、将来の戦争のタネを根付かせ、そのうちに稔り、戦争をひき起こすことを許容した責任があるのだ。われわれが、戦争の疲弊を感じるようなことにならないようにしようではないか。

そして、ますます促進される不屈の決心をもって、続行し、働き、犠牲をいとわず戦うことを、ますます喜び、われわれが個人的に置かれている環境の下で、われわれの能力に応じて、われわれが、個人的、集団的に最高の努力をしようではないか。少なくとも、極限の努力をしなければならない。われわれのアメリカ市民、民主主義、われわれのウェイ・オブ・ライフ、われわれの自由といった貴重な遺産を享受するためには、少なくとも、極限の努力が必要である〔中略〕連合諸国が勝利の暁には、ドイツと日本の軍国主義のすべてのカルト（Cult）の邪悪の、まさに根元にたどりつき、それを根こそぎ取り除き、根こそぎにされていることを確認できる効果的手段を講じなければならない。私は、それが可能な機構を設立しうることを信ずるが、連合諸国のみならず、われわれの現在の敵国においても、普通のひとびとが、機構ならびに、それが成功することを支持するだろうと信ずるものである。

（『ニューヨーク・タイムズ』一九四三年九月二十七日付）

（付記）漫画なし。

⑤ **海軍記念日**に「**真珠湾**を**忘**れるな」が**再**びスローガンに

（記事の概要）一九四三年十月二十三日正午、ニューヨークのウォール・ストリートとブロード・ストリートの角にある旧財務省ビルの正面に立っているワシントン大統領の像の前で、海軍記念日の式典が行われ、「真珠湾を忘れるな」というスローガンが、再び使用された。

グルー前駐日大使は、「依然として強力な」日本海軍は、「いつでも」戦闘力となりうる、と警告を発した。[27]「私は、十年間の個人的な経験と観察とから、敵国民日本人のことをよく知っています。敵は狂信的で、最後まで降伏しない闘士です。」と宣言した。日本軍が、キスカと南西太平洋諸島とから撤退したのは、「純粋に戦略的であり、かれらの戦意が喪失したわけではないのです。」と断言し、「こうした動きを見誤らないようにしよう」と注意を喚起した。そして、「わが海軍ならびに海軍航空部隊は、世界でもっとも強力であり、最近のわが国の成功のために、われわれが根拠のない楽観主義に陥り、戦争にすでに勝ったと信ずることは、危険な自己満足である」と語った。

（『ニューヨーク・タイムズ』一九四三年十月二十四日付）

⑥グルー、**敵に無条件降伏を求める**

（記事の概要）前駐日大使、現国務長官顧問グルーは、一九四三年十月二十七日夜、わが国は、すべての敵が、戦闘で完全に敗北するまで、戦争を続けなければならない、と述べた。[28]

前大使は、一九四三年のセオドア・ローズベルトの誕生日を記念して、十月二十八日にタウンホール・クラブで行われる顕彰メダルの受賞者三人のうちの一人であった。

「今日われわれは、活気に満ち、疲れを知らない、休むことのない国民で、われわれの敵、すべての敵が、戦闘で、完全に無条件降伏するまで休止してはならない。」しかし、「束の間は、魅惑的であっても、不確定な平和（inconclusive peace）では、われわれの事業を半分しかやり遂げられず、戦争に飽き最終的目的を達成できないなら、われわれの孫達、もしくは、その息子達は、かれらの世代で再び戦うことを余儀なくされるであろう」と警告し、「世界を踏みにじった攻撃的軍国主義のガンは、いま切除されなければならないし、今後とも、ひきつづき切除されなければならないのである」と結論した。

（『ニューヨーク・タイムズ』一九四三年十月二十八日付）

（付記）

これは④と同じ趣旨である。

⑦ グルー、**日系二世**に**対**してアメリカ**的原理**の**適用**を**訴**える

（記事の概要）グルー前駐日大使は、十一月十八日、ニューヨークのプラザ・ホテルで開催されたニューヨークのオランダ協会（Holland Society of New York）の年次晩餐会で、「顕著な外交上の貢献」に対してメダルを授与されたが、その際、アメリカ生まれの日本人〔日系二世〕の部隊が、第五陸軍とともに、イタリア戦線で戦果をあげ、かれらの将校達は、その軍隊を自慢にしていて、陸軍の他の部隊の指揮官に代わることを望まなかった、と指摘した。(29)

そして、「かれらの圧倒的多数は、われわれに忠誠であろうとしたが、おそらく、驚くべきことだが、われわれに忠誠でありたくない少数者は、表立ってはっきりとそう言わない」と付言した。

グルーは、結語として、「私は、アメリカ市民の尊厳を深く信じているので、こうした日系米人が盲目の偏見によって不利な立場におかれ、疎外されるのを見るに忍びない。私は、かれらが、他のすべてのアメリカ市民と同様に、かれらの人種にかかわりなく、尊重と援助との面で待遇されることを望むものである。その根本的原理が、アメリカ合衆国のすべての市民に適用されるべきである」と述べた。

（『ニューヨーク・タイムズ』一九四三年十一月十九日付）

（付記）

ここで、私は、ダニエル・イノウエ（Daniel Inoue 1924-2012）のことを思い出さざるを得ない。イノウエは、一九四三年二月、大統領が、日系義勇兵の志願を許可した際、徴兵委員会に志願し、二

六八六名の日系人の一人として、四四二連隊に参加した。イノウエは、「日系二世は、アメリカで生まれたにもかかわらず、敵性外国人の烙印を押され、合衆国にとって邪魔な存在とみなされていたが、戦場でファシズムと戦うことによって、アメリカの自由を守るだけでなく、当時のアメリカにはびこっていた醜い偏見から日本人を解放する使命を背負っていた[30]」と考えていたために参加したと動機について語っている。戦争において右腕を失う重傷を負いながらも、小隊長として指揮を続けヨーロッパ戦線で奮戦したのも彼がアメリカ的信条を信じたからであった[31]。

戦後は、ハワイ州上院議員（民主党）を経て、アメリカ上院歳出委員会委員長、上院防衛予算委員会委員長の要職を歴任した。二〇一二年十二月十七日の死去に際しては、十二月二十日、遺体を納めた棺が、アメリカ合衆国議会議事堂中央にある大広間に安置され、追悼式典が開かれた[32]。

《一九四四年一月―十二月》

この時期には、二月十七日、米機動部隊がトラック島空襲、六月六日連合軍がノルマンディー上陸、六月十九日マリアナ沖海戦では、日本海軍は、空母・航空機の大半を失い、七月七日には、サイパン島守備隊三万人が全滅し、七月十八日東條内閣が総辞職するにいたった。七月二十二日ようやく小磯國昭内閣が成立、八月四日閣議で、国民総武装決定（竹槍訓練など始まる）、八月十九日最高戦争指導会議では、「世界情勢判断」および「今後採るべき戦争指導大綱」が決定された。八月二十一日、ダンバートン＝オークス会議が開催（グルーも、米代表の一人として参加、十月十九日国際連合案が発表された）。

九月十六日駐ソ大使佐藤尚武、ソ連外相モロトフに特派使節のモスクワ派遣を提議、拒否された。十月十日米機動部隊沖縄を空襲、十月二十日米軍レイテ島上陸、十月二十四日レイテ沖海戦（日本、連合艦隊の主力を失う）十月二十五日神風特攻隊、はじめての米艦に突撃、十一月二十四日、マリアナ基地のB29、東京を初爆撃、十二月三十一日、米国務省が大幅な改革を実施、グルーが中心となって活躍することになる。

⑧ワシントンで、**日本を滅ぼせ！の怒号**

（記事の概要）首都ワシントンでは、今日（一月二十九日）、アメリカ人の捕虜に対する残虐行為に関する政府の説明に衝撃を受け、激高し、復讐の念に燃え、対日戦を加速せよとの要請が議会から起こった。(33) AP通信は、ハッチ（Carl A. Hatch）上院議員が、日本人をかれらの小さな島に永久に隔離するように示唆した、と報じた。アーリー（Stephen T. Early）大統領秘書官は、政府が突然、報告書(34)を公表した理由を、アメリカ人の捕虜に医薬品その他を届けることができなくなったからだ、と説明した。そして、アメリカ赤十字社は、日本赤十字社が、国際赤十字社の代表を捕虜収容所に送るのを拒否したので、収容所から公式情報を受け取っていないと発表した。

グルー前駐日大使は、報告に関して、ほかのアメリカ人が心情を表現できないように、自分もなにも言うことはできない、と述べた。ブルーム（Sol Bloom）下院外交委員会委員長は、強い言葉で、

「これらの日本人に、われわれは、かれらに責任があることを知らしめよう。われわれは、卑劣漢――天皇から最下層の溝掘り労働者まで――を必要なら、百万年も責任があるとして収容しよう」と述べた。

(『ニューヨーク・タイムズ』一九四四年一月二十九日付)

⑨グルー、**東京の軍指導者は有罪と言明**

以下は、フーレン（Bertram D. Hulen）記者が、ワシントンで、一九四四年二月一日、グルー大使にインタビューしたときの記事の全訳である。[35]

「戦争勃発後、帰国以来、グルー前駐日大使は、極東問題に専念してきた。彼は、ハル国務長官の顧問の地位にあり、ハルの事務所からそれほど離れていない国務省の二階に事務所を構えている。彼は、ハルに課された問題にかかりきりで、公文書および書類で一杯の机がある部屋でインタビューに応じた。パイプをくゆらし、すべての質問に答えたが、よく考えた後で、最善の注意を払って言葉を選んだ。」

残虐行為についての彼の反応について

これらの事件が発覚して以来、アメリカ人が誰も内心烈しく動揺しなかったとは想像できない。私は「激怒（fiery rage）」という言葉を使ったが、私の感情はあまりに深刻で、言葉で表現することはできない。卑怯な行為に責任あるひとびとに対する私の怒りは、表現不可能である。「同時に、私は残虐行為に遭ったひとびとに対して、非常に気の毒に思い、かれらの故郷の家族に深い同情を禁じ得ない。こうした時代遅れの粗野な振る舞いと、言語に絶する残虐行為が、国内では、ひとつの効果、言い換えれば、全国にわたって、これまで以上に不撓不屈の決意で、国民に戦争に立ち向かわせることである。」

日本における反応について、どう思うかと尋ねられて、グルーは、日本についての広範な知識と、東京で大使として過ごした経験を踏まえて、つぎのように答えた。以下新聞記事から引用する。

「まず、第一に、日本の大衆は、かれら自身の官憲から事実を知ることを許されず、ラジオもしくは新聞も統制され、短波放送の受信機を許されておらず、外国の新聞に近づけないために、かれらは、海外の事実について知る機会がないことを、ただちに理解しなければならない。

私は、真珠湾以前に、有名な日本人、帝国議会議員とも多く話したが、かれらは、南京の婦女暴行もしくは、残忍な無慈悲もしくは、無防備の中国の町や村に対する無差別爆撃のこと、そして、中国への宣教師の派遣もしくは、日本軍によって、アメリカ市民に意図的に加えられた屈辱について、なにも知らなかった。」

「さて、これらの暴露に対する日本の軍事指導者の反応は、奇妙に思われるかもしれないが、野蛮だと思われたくないことである。私は個人の反応は、個人の人格ならびに個性に従ってちがったものになると思う。ただ怒るだけの人もいるだろうし、悪事を犯す人自身がなんらか反省の感情をもつかどうか疑わしいと思う。

しかし、他のひとびとと、おそらく最高位の指導者のうちの何人かは、羞恥心を抱くだろうが、非常に少数であるにしても、将来、この野蛮の記録を償おうとするだろう。

日本人は、全体としても、もし事実を知っていれば、まったく恥ずかしいと思うだろう。かれらは、軍隊の飛行士が、われわれのパネー号を、一九三七年に沈めたとき、自然に発生した羞恥心を全国的に示した。こうした残虐行為を単に暴露しただけでは、日本人に本来的に備わった性格を変えることはないにしても、高位の軍部指導者が、すぐではないにしても、依然として、かれらのところにいる捕虜である、われわれの仲間によい待遇を与えるような途をとることは、考えられるし、可能だと思う。」

「アメリカ人やイギリス人の囚人にかれらが加えたのと同じ野蛮な取扱いを、フィリピン人や中国人に加えることには、かれらは、いくらか矛盾を感じないのでしょうか」と質問され、グルーは、「疑う余地なくそうだ」と力を込めて言った。

「日本の軍隊の傲慢さを私自身知っているので、かれらが東アジアの民族となんらかの兄弟愛の感情を育みうるとは、一度も信じたことはなかったし、これらの民族が、日本の軍隊とかれらの非人間的な残酷さに接触すればするほど、かれらの民族は、われわれの究極的な勝利により、われわれがかれらを、くびきから解放する日を、強く待ち焦がれているということを少しも疑ったことはない。」

質問は、日本人が誇りにしている「騎士道」の問題に移っていった。日本赤十字社は、世界でもっとも強く、非常に最新式の組織の一つだと聞いていたが、日本の軍部が、赤十字社の代表者を、フィリピンその他の囚人キャンプを訪問させ、われわれの「グリップスホルム号」が、二航海かけて送った救援物資を監督するのを許さなかった。実際、これらの救援物資が、かれらの強制収容所に到着したのかさえ、確認されていない。

長いあいだ、日本の赤十字とは、ただ、われわれ西洋人をなだめるための、偽の日本文明で、武士道または、日本の騎士道を適用した偽装または、見せかけだけだったのではないか。

グルーは、「決してそうではない」と言った。「グルー夫人と私は、われわれが、日本にいた十年間に、日本の赤十字社と親しく付き合ったが、日本の赤十字社は、日本の最善かつ高潔な本領（elements）から成り立っていて、その組織は、素晴らしいものであった。かれらは、許されれば、われわれの捕虜を助けただろう。だが、そうするのを許されなかった。」

「もし、日本の軍指導者が、将来、かれらがした、ぞっとさせるような記録を償おうとして、世界に対して、武士道として存在した騎士道の要素が、まだ残されていれば、かれらがなすべき最初の途は、国際赤十字社の代表者を、日本およびフィリピン、そして日本の占領地におけるわれわれが、病気や身体傷害者や飢えのために日本に送った救援物資の分配についての報告を行わせることである。保護権力の代表者も、また、各地のアメリカ人の捕虜に接近できるようにすべきだ。」

グルーは、日本は、ジュネーブの戦時協定（Geneva Prisoners of War Convention）の当事者ではないが、国務省は、日本政府から、アメリカの戦争捕虜に、同協定の条項を、そして、修正適用できるかぎりにおいて、日本に抑留されている民間の被抑留者（civilian internees）に適用するとの委員会付託を得ていたと指摘した。

グルーは、一九四二年八月、日本から帰国したとき、新聞記者、その他が、真珠湾後の六ヵ月に日本人の手によって加えられた苦痛についての実話を放送したが、その問題について、何か話すように言われた。

「私は、これらの事柄を自分だけに留めておくことはできない。というのは、私の感情は、現在も当時と同様に厳しいし、アメリカ人は、こうした事実を知る権利があると感じた。私は、ポーウェル（J.B. Powell）氏が、経験したこと、および韓国における宣教師が蒙った苦痛について語った看護婦の暴行および香港におけるイギリス人ならびにカナダ人の囚人を銃剣で刺したことを含む直接の証拠で確認されている多くの実話がある。」

「トリシャス（Otto Tolishus, 前『ニューヨーク・タイムズ』紙記者）氏は、自分の経験を語っている。私の放送の一部は、忘れるべきではないので、ここで繰り返したい。私は、日本には優れた本領（elements）があり、いまでもあると信じているし、かれらが軍事集団に抵抗し、それは機能している」が、他の側面がある、とつけ加えた。「今度の戦争を引き起こした日本の軍事機構の残忍性、野蛮性、そして完全な獣性、容赦のなさ、貪欲という醜悪な面がある。日本の軍事機構、軍事集団、軍事制度は、完全に破壊されなければならないし、かれらの信用そして優勢は合衆国の、連合国の、将来の安全と福祉のために、文明ならびに人類の将来の安全と福祉のために完全に破壊されなければならない。簡単にいえば、太平洋地域においては平和なアメリカにとって、平和を愛好する連合国にとって、空威張りする日本（Swashbuckling Japan）にとって、十分な余地は存在しない。」

（『ニューヨーク・タイムズ』一九四四年二月二日付）

（付記）

この最後のグルーの言葉は、さきに触れた④と⑥にも共通するものである。

⑩グルー「ナショナル・ウォー・サービス法」を支持

（記事の概要）グルー前駐日大使は、一九四四年二月九日、上院軍事委員会において「ナショナル・ウォー・サービス法」（National War Service Law）の議会承認を支持して、合衆国は所有しているあらゆる人的資源を使用して、日本の軍国主義を全滅させねばならない、東京を破壊したとしても、必ずしも自由な国民に対する日本の脅威を終わらせることはできないからであると述べた。(36) 日本が、政府と軍事力の主要な資源を獲得した広大な領土のどこかに移動させることが想像できるからである。優勢な軍事力の行使のみが、日本の軍事的かつ全体主義的脅威を終わらせるのだ、と繰り返し、グルーは、この国がとりうる手段は、十分というには、ほど遠いものである、と付言した。彼は、この信念から、この国のすべての男、女の力を召集するために審理中の「オースチン・ワーズワース・ナショナル法」(Austin-Wadsworth National Act) を支持した。

一九三二年から真珠湾まで駐日大使であったグルーは、日本を敗北させることを、ヨーロッパで勝利するより先にすべきであることには賛成しなかった。「これは、世界戦争である」とし、「私が主として、日本との戦争にかかわっているという事実は、私が、われわれが戦っている世界戦争に対するこの法律効果を軽視していることを必ずしも意味しない。われわれが召集することができる利用可能な人的資源をどこで使うかは、軍事戦略家の問題である」と述べた。

以下は、委員長の上院議員レイノルズ (Robert R. Reynolds) との質疑応答である。

レイノルズ委員長　この国が日本の攻撃を防止するほど軍事的には強力ではなかったのは合衆国の誰に責任があったか。

グルー　真珠湾以前に、日本に十年いたが、その答えを知る方法はなかった。

レイノルズ委員長　日本の全面戦争に対するグルー氏の解決策は、この国も、また全体主義的となり、全国サービス法は、この奉公への一歩である。

グルー　勿論、この法律は、この国の戦争生産力の全体を利用するための効果をもっているが、私は、それによって、われわれが、全体主義的な力となろうとは信じていない。全体主義的専制は、戦争するために、われわれが使用する手段の多くを使用するが、この法で提案されていることと、全体主義的専制が行っていることとの関係があるとは思えない。のち、この法案の共同提案者であったバーモント州共和党上院議員オースチン（Warren R. Austin）は、無責任な独裁者によって国民に押し付けられるものとは全く違う、とグルーの意見に同意した。

レイノルズ委員長　アジア人は、「白人国家」ではなく、日本に支配されることをのぞむのではないか。

グルー　日本人が、フィリピン、中国、その他で示した残虐行為の形を引き続きとるなら、これらの国民がかれらが支配されているより一日でも長く希望するとは思わない。

レイノルズ委員長　日本人によって占領されたアメリカ人やフィリピン人の囚人を助けるために合衆国がなしうることはないか

グルー　　日本が陸軍の行動を穏やかにすれば、そうした機会がありうる。

日本は、国際赤十字社または、その他の代理が、戦争で拘束されたひとびとを調査することを拒否したが、グルーは、「国務省が状況改善のためにあらゆる手段をとっている」と言った。

⑪ **東條首相辞任後**の**日本**の**情勢**について

（記事の概要）七月二十日、ワシントンで、グルー前駐日大使とハル国務長官、パターソン（Robert P. Patterson Jr.）陸軍長官代行とは、東條英機首相の辞任は、日本が厳しい軍事情勢を認識したものであり、日本が狂信的な抵抗を柔らげるだろう、と期待するのは誤りである、と警告した。(37) どの派が、新政権を支配するかが、はっきりするまでは、評価するのは早すぎるが、日本の戦略が、かなり変更されることは、ありうるとした。現在、極東局長であるグルーは、つぎのように述べた。

「日本における東條内閣の更迭は、私には、三つのことを意味するように思われます。一つは、日本陸軍の未曾有の敗北を、はっきりと認めたこと。第二には、失敗に伴い個人が責任を受け入れる日本の通常のパターンに従ったものである。第三に、東條が再登場するかどうかはわからないが、日本国民の士気低下を支えるのが必要なため、新政権が必要である。」

そして、「政権の変更は、日本が戦争遂行にあたり、最後まで戦うという基本的な政策の変更は、あり得ず、この変更によって、われわれが、こうした変化により希望的観測もしくは、楽観主義に陥ることは、われわれの戦争努力の実行にとって、近視眼的かつ危険である」と注意を喚起したい、と付け加えた。

（『ニューヨーク・タイムズ』一九四四年七月二十一日付）

（付記）

グルーが、日本陸軍の動きを的確に認識していたことがわかる。

⑫グルー「**日本**より**の和平提案**を**警戒**せよ！」

（記事の概要）一九三二年から一九四一年まで駐日大使であったジョゼフ・C・グルーは、今夜（十月二十七日夜）日本の艦隊が大海戦で敗北（十月二十四日、レイテ沖海戦）したので、「日本から平和への提案が、いつでも出てこよう」とアメリカ国民に警告した。[38] グルーは、海軍記念日に、海軍関係者に全国ラジオ放送を通じて、つぎのように予言した。

思慮深く、冷静で抜け目のない日本人――政治家ばかりではなく、日本の大商社、船会社、製造業を立ち上げた人々――がいる。日本が完全に破滅するまでに、これらの人々は、破壊から価値あるものを救済しようとするのは、間違いないと言ってもよい。

日本人は、自由主義的色合いの政治家を首相にし、彼に表向き自由主義的な内閣を組閣させようとするだろう。彼等は、満州からの撤退を示唆するかもしれない。

そして、「彼等の多くは、必ず敗北し、商船隊がゼロになるまで減少し、軍需工場が次第に消滅し、最後には不正利得が取り上げられることを知っているからである」と説明し、「どういう状況であっても、そうした平和が魅力的で、こうした厳しい闘争を終わらせるのが、いかに望ましくても、妥協的な平和を受け入れることがあってはならない」と宣言した。

そして、「そうした機会が来れば、アメリカ、連合諸国は、非常に厳しい試練に直面するだろう。誘惑と呼べるその日は、われわれが、いま、ありありと心に描いているより、はるかに強烈なものであろう。みなさん、そのときは、われわれ自身のためではなく、われわれの息子や孫たちにとって恐るべきときで、この恐るべき戦争を次世代で、再び彼等が戦わねばならないことがないようにしようではないか」と述べた。

（『ニューヨーク・タイムズ』一九四四年十月二十八日付）

⑬グルー、**対日無条件降伏**の**条件堅持**を**力説**

（記事の概要）グルー前駐日大使は、本日（十一月十六日）、戦況が絶望的になると、東京の軍事指導者は、妥協的な和平を申し出てくるであろうが、合衆国は、あくまで無条件降伏の条件を堅持しなければならない、と力説した。(39) グルーは、太平洋で準備がどうなっているかを視察するために、十一月十一日にハワイに来て、設備、訓練施設、病院、艦隊の軍艦を視察したが、「自分は、大変いい印象を受けた」と述べた。グルーとニミッツ提督（Admiral Chester W. Nimiz）との会談は、大半が、オフ・レコだったので、グルーは、太平洋艦隊司令長官との会談の目的を一般的な言葉で述べたにとどまった。

（『ニューヨーク・タイムズ』一九四四年十一月十七日付）

（付記）

グルーの冒頭の発言は、⑫の発言と同じ趣旨であり、アメリカは、あとの世代で再び戦争しないで済むように、最後まで徹底的に戦うべきであるというものである。

⑭グルー、ニミッツ**提督**（**真珠湾**）の**戦争準備**に**感銘**

（記事の概要）前駐日大使・現国務省極東局長グルーは、一週間に及ぶニミッツ提督との会談を終えて、十一月二十日、ワシントンに帰着した。[40] つぎの声明が、国務長官代行のステティニアスによって、記者会見の席上、発表された。

国務省極東局長、グルー大使は、ニミッツ提督の客人として一週間滞在した真珠湾から十月《ママ》十八《ママ》日帰国した。グルーとニミッツ提督の海軍ならびに陸軍からなる幹部職員との自由な意見の交換が行われ、彼の訪問の結果、国務省とニミッツ提督の司令部との間の太平洋戦争における、より密接な協力が行われるものと信じられる。

グルーは、ニミッツ提督の組織の効率性、対日作戦計画に責任をもつ幹部職員のパーソナリティ、太平洋戦争行動計画が立案されている徹底性ならびに効率性が徹底的に追求されていることに感銘を受けた。

国務省は、軍事力との協同の性質に関しては、なんら示さなかったが、将来の政策は、グルー大使が、これまで主唱してきた無条件降伏の路線に従うと了解されている。

（『ニューヨーク・タイムズ』一九四四年十一月二十一日付）

⑮ **本格的**な**対日心理戦争開始**、ニミッツとグルーの**声**、**東京**に**届**く

（記事の概要）三年前、戦争が始まってからはじめて、合衆国は、標準の波長で通常の宣伝放送（Propaganda Broadcasts）を、日本の一般市民に届けられるようになった。戦時情報局（OWI）が、ここ、オアフ（Oahu）島で放送し、その目的のために新しい送信装置を備えた遠距離基地をサイパン（Saipan）に設け、今週火曜（一九四四年十二月二十六日）の朝、午前三月三十分に本格的な対日心理戦争（Full-scale Psychological warfare against JAPAN）を開始した。(41)

サイパン島からの最初の番組は、海軍大将ニミッツと、国務次官グルーが、日本国民に直接話しかけた声（voice）を届けた。ニミッツは、戦争の結果――われわれが勝つことは疑いないと話した。彼は、アメリカが太平洋を敏速に進攻し、敵を打破し、日本の空軍を撃破し、船舶を撃沈し、海軍が決定的に打ちのめした、と過去二年間の事件を振り返った。

オアフ島の送信装置は、世界で最も強力なものの一つで、百キロワットの短波放送を送信する。サイパンの送信装置は、標準の波長で作動し、敵地に浸透し、普通のラジオに届くはじめてのもの

である。

ＯＷＩの職員は、この島の送信装置は、四六時中送信され、大部分の番組は、ＯＷＩの翻訳班が、すべての主要な東洋の言語に翻訳しているサンフランシスコから中継される。しかし、日本語番組は、ここで現地スタッフが書き、翻訳し、送信されると述べた。ニミッツ大将は、日本人に英語で話し、ワシントン在住のグルーもそうしたが、かれらの演説は、直ちに日本語に訳されて送信された。

ＯＷＩの職員は、心理戦争の潜在力は、非常に大きいと考え、長期間、宣伝戦を計画してきた。もっとも重要な番組は、午後遅くか、早朝に送信されることになっているが、ホノルル・東京間に時差があるためである。番組の作者、翻訳者、ラジオ技術者などは、敵国に深夜速報を送信するために、現地事務所に一日二十四時間勤務している。

デイビス（Elmer Davis）ＯＷＩ局長は、夏、ローズベルト大統領とここに来たとき、宣伝計画について記者（ジョージ・ホーン）に語った。日本に住んだことがあり、日本に関する本や雑誌論文の著者であるスミスは、三月、当地に来て、ＯＷＩのために中央太平洋送信所（Central Pacific Operations）を設立した。彼は、ワシントンで、日本人班の責任者であった。

（『ニューヨーク・タイムズ』一九四四年十二月三十日付）

（付記）

この記事では、グルーが、どんな演説をしたかは述べられていないが、十一月にホノルルを訪問し、ニミッツ提督の戦争準備が十分であったことに感銘を受け、そのことはステティニアス国務長官代行の声明で明らかになっているので、無条件降伏の路線で、グルーが演説したことは十分想像しうる。また、デイビスＯＷＩ局長が、一九四二年十二月九日、新聞記者の質問に答えて天皇制に言及し「問題は軍部勢力である」と述べていたことも、ここで紹介しておきたい。

（質問）〔前略〕われわれは、日本向け放送のなかで、どのような形にせよ、まだ天皇を攻撃も非難もしていないと理解しております。その背後にある考え方を論じていただけませんか。

（回答）〔前略〕天皇は国民から神とみなされていますから、天皇個人に対するいかなる攻撃も必ずや感情を多分に刺激し、正当なものとは受けとられないでしょう。〔中略〕問題は軍部勢力なのです。そして、日本で適用する原理は次のようなものです。つまり、天皇が発言したとき、それは決定的なものとなるが、しかし、常にだれか他の人が、何を言うべきかを天皇に教えるのであり、実際に責任ある人に責任を負わせることができるかぎりは、日本の政治について、私と同様に何も発言する権限をもたない人物を攻撃してみても、有用な目的に適うものではないように思えます。(42)

アメリカ合衆国の対日心理作戦を、「日本計画　一九四二年五月五日付　第一草稿」からフォローしてきた私にとっては、ＯＷＩハワイ分室が、オーティス・ケーリ海軍特別捕虜収容所（パールシティ）の日本兵捕虜に翻訳、作成させ、一九四五年八月十三日から十四日早朝にかけ、東京その他の都市に撒かれた伝単「日本の皆様」を、八月十四日（火）に見た内大臣木戸幸一が、天皇に謁見、同日、閣僚、最高戦争指導者議員連合の御前会議を開き、ポツダム宣言受諾を最終決定したことは知っていたが、これに先立ってＯＷＩが、一九四四年十二月十六日午前三時三十分に本格的な対日心理戦争「Full-scale Psychological Warfare against JAPAN」を開始し、海軍大将ニミッツと国務次官グルーが、日本国民に直接話しかけた声（voices）を届けたことをはじめて知ったことは、大変有意義なことであった。

ところで、対日心理作戦計画を策定してきたラインバーガー博士によれば、対日心理戦争の核心は、「和平の相手となるべき天皇と国民とは埒外に置く」ことであった。「一九四二年六月三日付日本計画（最終案）」を与えられ、デイビス局長の指示で、対日戦意高揚の全国講演旅行を行った知日派グルー元駐日大使としては、滞日十年の経験から、天皇を攻撃しないことに異存はなかった。現に、今回の『ニューヨーク・タイムズ』紙報道をみると、グルーが、「日本計画（最終案）」の趣旨をよく理解し、賛同して、一貫して軍部を攻撃していたことが明らかである。

特に、④一九四三年九月二十六日、グルー講演では、政治的孤立主義は、時代錯誤であると決めつけ、ドイツと日本の軍国主義のすべてのカルトを根こそぎにすべきであると主張している。これは、戦後の『ニューヨーク・タイムズ』紙（一九四五年八月十九日付）のシャレット記者の記事に続くものである。この傾向に属するものとしては、⑥⑧⑨⑫⑬をあげることができよう。

一方、グルーは、日本人に対しては、打ち破るのは難しいが、「本当の平和」を築くのは容易であると言い、その理由として「日本人は〔中略〕お互いに礼儀正しく協調的で、何か言われると恐ろしいほど気づかいを示す」ことをあげ、「われわれが、いま日本を束縛している、ほら吹きや名門からかれらを解放してやれば、本当の平和を築くのは、もっとも容易な、ひとびとになる」と述べている(②)。

しかし、ひるがえって考えてみると、野村吉三郎駐米大使を助けて日米交渉に臨んだ来栖三郎《くるすさぶろう》元駐米特派全権大使が言うように、日本人が軍服を着たのが、日本軍人であるから、日本軍人だけに責任を負わせるだけでよかったか、ということになる。来栖氏は書いている。「今戦争における同胞の残虐行為が戦争裁判によって裁かれている。自分はあえて「同胞」と言って「軍」とは言わない。要するにわれわれが軍服を着たのが「軍」なので、単に「軍」がといって他人事のように済ますわけにはいかないのである。[43]」

さらに、極東国際軍事裁判で政治的理由によって起訴されなかった天皇裕仁はどうなのか。グルーが言うように、平和を愛しただけの天皇ではなかったことは明らかである。

このようにみてくると、『フィナンシャル・タイムズ』紙（二〇〇五年二月十九日付）の「東條は、靖国神社に祀られて神となり、天皇ヒロヒトはアメリカによって戦争責任を免責された代償として現人神から人間となった[44]」という言葉は重いのである。

□注

（1）本メモは、一九四二年秋冬（一九四二年九月後半から一九四二年十二月三十一日）のグルー大使の講演旅行に関する講演の原稿、草稿および手紙などをＯＷＩのラインバーガー博士が、一九四三年三月に製本したPapers Prepared for Mr. J.C. Grew vol.1 による。一橋大学図書館の分類では、vol.1［Qcea : 167-1］である。以下の引用はこれによる。

（2）Qcea : 167-1 P.616. 以下ラインバーガー文書（1）と記す。

（3）ラインバーガー文書（1）, pp. 10, 11. Notes on a Conversation with J.C.Grew at his home on Woodland Drive, October 11, 1942, Concerning the preparation of His Speeches.

（4）ラインバーガー文書（1）, pp.379, 380.

（5）ラインバーガー文書（1）, p.186.

（6）Joseph C. Grew, Report From Tokyo A Message to the American People (New York : Simon and Schuster, 1942). 本全体で八五頁。グルー自身は、Preface, Introductory Note, 1. Return from Japan, 3. The Extent of the Japanese Challenge, 4. How We Must Fight to Defeat Japan を書いたが、ラインバーガーの代筆部分は三三頁（三六％）、山岳作家のスミスが代筆し、ラインバーガーが目を通したうえグルーが演説したのは、二二頁半（二五％）と合綴された本の目次の上欄に万年筆で記入されている。

（7）*Ibid*., Vii.

（8）*Ibid*., Vii.

（9）*Ibid*., iX.

（10）*Ibid.*, "Return from Tokyo"
（11）*Ibid.*, "Return from Tokyo" これについては、一九四四年サイモン&シュスター社から出版された Ten Years in Japan のアメリカ国民へのあとがき（一九四二年八月三十日付）でも繰り返しているが、活字として発表されたのは Report from Tokyo（1942）のほうが早かったのがわかる。
（12）ジョセフ・C・グルー、細入藤太郎訳『東京報告』日本橋書店、一九四六年、三八頁。翻訳を参考にしたが表現を変えたところがある。
（13）山極晃・中村政則編、岡田良之助訳『資料日本占領1　天皇制』大月書店、一九九〇年、二〇五頁。
（14）国際法学会編『国際関係法辞典（第二版）』三省堂、二〇〇五年、一四三頁。
（15）前掲『資料日本占領1　天皇制』「ジョセフ・C・グルー　極東における戦時および戦後の問題一九四三年十二月二十九日」二二九―二三二頁。
（16）前掲『資料日本占領1　天皇制』二三四、二三五頁。
（17）中村、前掲『象徴天皇制への道』、四五、四六頁。（　）による補足は、中村政則による。
（18）中村、前掲書、四七頁。
（19）中村、前掲書、四八頁。一九四四年一月二十一日、グルーは、ステティニアス国務次官宛の手紙のなかで、この件について述べている。
（20）細川護貞『細川日記』中央公論社、一九七八年、一三四、一三五頁。
（21）一橋大学付属図書館において、Joseph C. GREW を検索、三一一件（三九八頁）のうち主要なものを選びコメントを加えたものである。この作業によって、私は、あとで述べるように二つの新たな知見を得た。この作業を推められた指導教官中野聡教授に感謝したい。

(22) JAPANESE TRICKERY FORECAST BY GREW, New York Times, Jan. 17. 1943.

(23) GREW SAYS JAPANESE WILL WELCOME PEACE, *New York Times*, Jun. 5, 1943.

(24) ウェルズ（Summer Welles）国務次官がＮＢＣネットワークで、八月二十八日午後七時、「戦後世界における合衆国の役割」（The Role of the United States in the Post-War World）と題して講演予定だったが、キャンセルしたので、ハル国務長官顧問グルー氏などが代わって講演する（WELLS CANCELS SPEECH, *New York Times*, Aug. 27, 1943.）。

(25) GREW SAYS JAPAN MUST BE DISARMED, *New York Times*, Aug. 29, 1943.

(26) ISOLATION CALLED WAY TO NEW WAR, *New York Times*, Sep. 27, 1943.

(27) MARQUART CALLS FOR A STRONG-WAR NAVY; GREW WARNS OF 'POWERFUL' JAPANESE FLEET, *New York Times*, Oct.28, 1943.

(28) TOTAL DEFEAT OF FOE DEMANDED BY GREW, *New York Times*, Oct. 28, 1943.

(29) LOYAL JAPANESE DEFENDED BY GREW, *New York Times*, Nov.19, 1943.

(30) ダニエル・イノウエ「合言葉は当たって砕けろ」（『歴史通』二〇一〇年十一月号）

(31) 私は、日系アメリカ人の代表として、イノウエを取り上げた。拙著『現代アメリカ経済』（千倉書房、一九九六年）一二、一三頁。ダニエル・イノウエは、まだ州ではなかったハワイ（準州）から自発的に戦争に参加したのであるが、米本土では日系アメリカ人が強制収容所に拘留された。この件に関する補償は戦時中から「日系アメリカ人市民同盟（ＪＡＣＬ）」が問題とし、一九四六年からは、ＪＡＣＬが「アメリカ自由人権協会（ＡＣＬＵ）」の協力を得て、強制立ち退き損害賠償を求めるロビー活動を行い、四八年「日系アメリカ人立ち退き損害賠償請求法」が成立した。その後、紆余曲折を経て、八八年八月レーガン大統領が「一九八八年の市民自由法」に署名し、その第一部に、日系人の取扱いを不正と認め、それに謝罪すること、日系人への補償の支払をすることが述べられた。実際の支払は、一九九〇年からはじめられた（外務省外交史料館日本外交史辞典編纂委員会『日本外交史辞典』山川出版社、一九九二年、七五七、七五八頁）。

（32）http://en.wikipedia.org/wiki/Daniel_Inouye　最終閲覧二〇一九年十二月一日。

（33）RUIN JAPAN! IS CRY, BY JOHN H. CRIDER, *New York Times*, Jan.29, 1944.

（34）Texts of the U.S. Statements and Representations on Atrocities, *New York Times*, Feb.1, 1944. 報告書は、グルー氏のTen Years in Japan（1944）で報道された残虐行為、ドーリットル陸軍中佐による一九四二年四月のB25の日本本土初空襲で日本側の捕虜となって処刑されたアメリカ軍人、フィリピン捕虜収容所での残虐行為を多くある残虐行為の三つの根拠として、日本に報告を求めたとして一九四二年四十二件、四三年四十五件、四四年二件を列挙している。

（35）TOKYO WAR LORDS GUILTY, SAYS GREW BY BERTRAM D. HULEN, *New York Times*, Feb2.,1944.

（36）GREW URGES DRAFT; FOR CURBING JAPAN BY FREDERICK R. BARKLEY, *New York Times*, Feb.10, 1944.

（37）HULL, PATTERSON WARY OVER JAPAN, *New York Times*, July 21, 1944.

（38）GREW CALLS JAPAN TO SURRENDER NOW, *New York Times*, Oct.28, 1944.

（39）GREW WARNS OF BID FOR PEACE BY JAPAN, *New York Times*, Nov. 17, 1944.

（40）GREW IMPRESSED BY NIMIZ' PLANS, *New York Times*, Nov. 21, 1944.

（41）PROPAGANDA WAR OPENED ON JAPAN, *New York Times*, Dec. 30, 1944.

（42）前掲『資料日本占領1　天皇制』、四、五頁。

（43）来栖三郎『泡抹の三十五年　日米交渉秘史』中央公論新社　二〇〇七年、一二三二頁。

（44）*Financial Times*, Feb 19, 2005. By Pilling, David.

第六章　グルーと戦争終結

一　"Ten Years in Japan" の出版

シカゴ演説を批判され、ハル国務長官から講演旅行の中止を命じられた頃、グルーは自分の日記から編集した著書の出版を計画していたのであるが、世論の動向を見定め、出版社サイモン&シュスター社と出版の時期を検討していた。[1] ところが国務省内の人事異動があり、一九四四年五月一日、ホーンベックに代わって、グルーが国務省極東局長に就任した。グルーは自分が構想してきた対日戦後政策を実現しうる地位に就くことができたのである。このあと戦争終結までのグルーの対日政策への関与についてはすでに多くの研究で論じられてきたところであるが、これまで検討してきた論点との関連を念頭におきながら、私なりの視点から論じてみたいと思う。

"Ten Years in Japan" は、一九四四年五月十五日、サイモン&シュスター社によって刊行された（邦訳『滞日十年』は一九四八年）。序言（一九四四年一月）は、読者に対して、本書の目的について「この本は米国人と、それから望むべくは国際連合（正式の設立は一九四五年十月）の人々とに、現在広く行われている以上正確に焦点を合わされた日本観を提供することを目ざしている。あの国とその人々とを正しく理解することによってのみ、われわれは軍事的勝利の完成に引続いて解決されねばならぬ諸種の困難な問題に、知性を以って当ることが出来るからである」(2)と述べ、日本には「戦争を欲せず、合衆国、英国その他の連合国家を攻撃することが如何に愚劣であるかを知り、軍国主義的極端分子が力の及ぶ限り向う見ずな、自殺的な侵略に突進するのを、阻止しようとした多くの人々が現に日本にいること」(3)に注意を喚起している。その一方、勿論、「日本の戦争力は徹底的に滅ぼされなければならぬ。われわれの子供や孫が次の世代に、再びこの戦を戦うことがないようにするためには、この決心は決定的で、変改することがあってはならぬ。日本がドイツと同様、再び世界平和を脅かすことは、断じて許してはならぬ。侵略的軍国主義は、永遠に根絶されねばならぬ」(4)と述べることは忘れていない。

もう一つ述べていることは、グルーの外交に関する考えと、外交を考える場合に重要な日々の記録のことである。

「歴史の正確な記録が、率直な同時代的論評によるところが多いことを確信する私は、過去三十九年間、合衆国の外交官として働いていながら、その日その日の情報や印象やその時の考えを書き残すことを続けてきた」(5)が、その記録にもとづいてグルーが考えた米国の外交とは、「米国国防の第一線」であり、「出来ればその線を確保し、確保するために努力しなくてはならぬ。日本の場合、一度欧州で戦端が開かれ、ドイツの当初の勝利が強い酒のように軍部の頭にきた時、将来の見通しは極めて悪く、私は日本が危険で劇的な突然さを以って行動を起す可能性があるという警告を、米国政府に伝達した」[6]のである。

そして、最後に、この日記は「過去十年間に十三巻の大判タイプライタア用紙にタイプされたもとの日記のほんの一部分に過ぎず」[7]、また「これは内密な、非公式な日記なので、私は多数の同僚その他の個人の名前を発表することをさし控えねばならなかった。名前が知られると迷惑したり一身上の後累を被るようなことが起るかも知れないからである」[8]と付け加えている。

ちなみに、"Ten Years in Japan"は、六月七日の『ニューヨーク・タイムズ』紙のベストセラー・リストでは二位になった。中村政則教授が指摘しているように、書評の日付が発行日当日、前日ないし前々日であったことが注目される。[9]

一九四四年五月十三日付『ボルティモア・イヴニング・サン(Baltimore Evening Sun)』紙のフライシャー(Wilfrid Fleisher)の書評では、Mr. Grew's Open Diplomacyと題して、「パール・ハーバーに先立つ危機的な十年間の生きた歴史であり、すべてのアメリカ人にとってきわめて重要な本である。グルーが極東部長に就任したので、彼が言うことは、過去のみならず、将来にも重大な関係をもっている」と述べている。

また、五月十四日付『シカゴ・トリビューン(Chicago Tribune)』紙のカウフマン(Kenneth C. Kaufman)は、「グルー、ジャップの対外強硬論者との十年の格闘を語る」と題して、「グルー大使の前の本『東京報告』は、アジアにおける敵の力に関して現実的な見解を与え不当な楽観主義と戦うことを目的としていた。今度の本は、日本を国家的ハラキリに追い込んだ日本人の国民心理や性格の複雑さを分析し、描写していて、平和問題の解決に準備を用意したものである」と述べている。

二　国務次官就任と上院外交委員会聴聞会における証言

ローズベルトが大統領四選を果たすと、かねてより病気がちで、ローズベルトに国務長官辞任を申し出ていたハルが、一九四四年十一月三十日に辞任した。後任にはステティニアス次官が昇格、国務長官に就任した。ステティニアスは、USスチール社の会長をつとめていたが、一九三九年八月、ローズベルトによって戦時資源局（War Resources Board）長官に任命されていた。が、ステティニアスの父は、モルガン（J.P.Morgan）財閥の機構をつくりあげた功労者であり、彼の起用は「国防計画は少なくとも財界で承認された指導者で運営していくことを示すもの」とみられていた。(10)

グルーの回顧録（Turbulant Era）によれば、グルーが、ステティニアス国務長官就任のお祝いに長官室を訪問、帰ろうとすると、ステティニアスは「ちょっと待てよ。君に計画を話したいんだよ」と言った。そこで、ソファに腰掛け、彼は古い国務省に新しい血を入れて古い因襲を刷新する彼の提案をざっと述べた。彼の次官補のチームは、アチソン（Dean Acheson）、ダン（Jimmie Duun）、クレイトン（Will Clayton）、ロックフェラー（Nelson Rockefeller）、マクレイシュ（Archie Macleish）であった。グルーが、ステティニアスの計画を熱心に支持すると述べ、再びドアの方に向かおうとすると、彼は、また言った。「ちょっと待てよ。俺はもっと話したいんだよ。君はどこに転勤になるのか知っているのかね」。知らないと答えると、「君はここで俺のパートナーになるんだよ。君に次官をやってもらいたいんだよ」と、ステティニアスが言った。「待って下さい」と言うのは、グルーの番であった。「私は、二十年前にその仕事をしていましたし、それが恐るべき仕事だということを、きびしい経験から知っています。私はその経験を再びするには年をとりすぎています」。ステティニアスの説明によると、二人は決まりきった仕事をするのを止めて、どちらかが疲れたときには、一週間でも十日でも休みが必要なときには、自由にいなくなる。ステティニアスがここにいるときには、グルーに自分が何をやっているのかを知らせるばかりでなく、何を考えているのかも知らせる。そうすれば、ステティニアスがいないときには、ほとんどいないだろうが、彼の椅子に座って、そうしただろうと思うようにすればよい。「ステティニアスはわれわれの関係を最も親密なものにしたい」と言うのである。[11] こうして、グルーは、二度目の次官に指名された。

つぎに、グルーは、次官としての資格を問う上院外交委員会聴聞会で、天皇「女王蜂」論を述べた。[12] 冒頭、グルーはつぎのように発言した。

委員長殿、委員会のメンバーのみなさん、大統領と国務長官が私に国務次官のポストを任命したとき、私はほかの機会であればポストをお引き受けするのを躊躇したであろうと率直に申し上げました。私はこの国に四十年間尽くして参りました。私はいつも命じられたところに行けるようにしておりましたし、私はこれまでそうしました。私はもう若くはありません。国務次官のポストは厳しい仕事です。私は二十年前に、三年以上その地位にありましたので知っております。が、委員長殿、私はつぎの理由でお引き受けいたします。

第一に、祖国が戦争しているからです。

第二に、私は大統領を信ずるからです。私はかれがこの戦争をこれまで指導し、そして指導している度胸とビジョンを高く尊敬していますし、効率的な組織が未来の国際的な平和と安全とを維持するであろうというかれの信念を心から支持します。

第三に、私はステティニアス氏を信頼し、かれの精力的で人を奮い立たせるようなリーダーシップに従うのが、大変幸福です。かれは、「物事を成し遂げる人」です。

第四に、国務次官の仕事は、二十年前と非常に違っています。現在一つの新しいリベラルなパターンが現れつつあります。私はこの新しいパターンが議会にもわが国民にも推奨されることになるだろうと考えます。世界は流動的で柔軟です。世界はよくなり得ますし、世界を新しく建設するために、われわれの貢献をより建設的で役立つように努力しているのです。

第五に、私はダンバートン・オークス会議ではじめられた仕事が成功裡に終わるのを見届けたいですし、みなさんのご助力を得てそうする積りだからです。世界でこれ以上重要な仕事はありません。以上です(13)。

つぎに、ガフィ(Guffey)上院議員との質疑を聞いてみよう。

ガフィ上院議員――「お尋ねしたいことがあと一つあります。大使、新聞の報道によれば、あなたは、戦後、裕仁を権力の座に留めることを支持しておられるそうです。その報道は正しいのでしょうか。〔中略〕」

グルー氏――私は『フィラデルフィア・レコード』十二月六日付の記事――それは、同日の議会議事録に発表されたものでありますが――そのなかに含まれているいくつかの事実歪曲を正すことをお許しくださった委員会のご好意に感謝します。その記事には、次のような記述があります。

「グルー氏は、「真珠湾」が起こり、かれが米国に帰国して以来、戦後、裕仁と取引きするという政策をしばしば唱えてきた。彼は、安定した、平和的な政府を樹立するための中核となる日本国象徴として天皇《ミカド》を存置しなければならないと述べている。」

そして、グルーは、自分としては、そのような発言を「行なったことも、また、そのような政策を唱えたこともけっしてない」と言ったうえ、自分の考え方をつぎのように述べた。

われわれの主要な目的は、日本が再び世界の平和を脅かすことができないようにすることですが、そのためには何よりも秩序を維持しなければなりません。具体的には、日本の軍事機構の解体、戦争遂行手段の破壊、将来そういった戦争遂行手段を造りだす設備の破壊が必要です。日本降伏後、可能なかぎり、これらの目的を達成することが重要なのです。

日本は、近代においていまだかつて戦争に負けたことがありません。したがって、われわれは、破壊と敗北による激変が日本国民の心理に与える最終的影響を測る基準をもっていません。われわれは、降伏後、日本にいかなる権力を登場させるにせよ、その権力が協力的で、安定し、信頼に足るものであることを実証するよう前もって要求することができるし、また、要求するものと思います。〔中略〕行動すべき時機が到来したとき、われわれは、〔中略〕目的達成のための方策を講じるにさいしては、資産と思えるものはどのようなものでも利用し、〔中略〕負債となるおそれのあるものはどのようなものでも、可能なかぎりこれを排除したいと望むでしょう。

ところで、天皇制に関しては、それが資産となるのか、それとも負債となるのかは、まだだれもはっきりと判断しうる立場にないと考えます。いかなる決定をくだすにせよ、それは、必ず純粋の現実主義に立ち、また、その問題にかかわる、現時点でのさまざまな要因をくわしく把握することを原則としてくだすべきであります。〔中略〕

とした上で、天皇が日本の政治機構のなかに占める地位を理解するには、わかりやすい比喩を用いるのが有益であるとして、つぎのように天皇「女王蜂」論を展開した。

ご存じのように、巣のなかの女王蜂は、その巣の蜂たちに手厚くかしずかれ、彼らは敬意をもって女王蜂を扱い、その安楽のためにあらゆる形で力を貸します。しかし、働き蜂たちにとってきわめて重要な決定をしなければならない時がやってきます。〔中略〕やがて女王蜂が外の世界に押し出される時がやってきます。すると、蜂の群れは彼女のあとについて新しい巣へ移ります。決定をくだしたのは女王蜂ではありません。にもかかわらず、女王蜂を群れから取り除くならば、その巣は崩壊するでありましょう。

そのようなわけで、グルーは「戦後に日本国天皇を存置することも、排除することも、いまだかつて主張したことはありません。成り行きを見守りたいと考えています」と述べている。このあとでは、日本人を「ジャップども（the Japs）」と呼び捨てるシップステッド（Shipstead）上院議員との質疑もあったが、グルーは無事切り抜け、十二月十九日、正式に国務次官のポストに就いた。

三　三人委員会と天皇制存置論の提起

グルーの国務次官就任とほぼ同時に、一九四四年十二月十八日、対独・対日戦後政策の策定に大きな役割を果たすことになる国務・陸軍・海軍三省調整委員会（ＳＷＮＣＣ）が設置された。同委員会の起源は、一九四〇年、スティムソン陸軍長官の提唱で、陸軍・国務・海軍長官の三人で毎週会ってお互いに主要な問題を知らせるという個人的な会合に遡る。三長官の会合は当初まったく非公式なものであったが、一九四四年後半、マクロイ（陸軍次官補）を記録係として、正式の議題を決定し結論を記録するようになると、三人委員会（the Committee of Three）は有益なものとなり、その下部組織として三省調整委員会を設立することになったのである。[14] 翌一九四五年一月五日には三省調整委員会の下部組織として極東小委員会（SFE）が設置され、国務省からはグルーの腹心、ドゥーマンが議長として送り込まれた。

グルーは共和党員であり、第三十一代フーバー大統領に駐日大使に任命され、そのときの任命権者が国務長官スティムソンであり、ウォール街の有力な投資銀行ディロン・リード社（Dillon Read & Co., Inc.）社長からワシントン入りしたフォレスタル海軍長官とも親密であった。[15] ステティニアス国務長官の代理として出席することもあったグルーとしては、対日政策推進の過程で、天皇制存置の考えを推進するに際して、三人委員会・三省調整委員会は極めて好都合な場であったと言える。

このあと、一九四五年二月四日〜十一日、ローズベルト米大統領、チャーチル英首相およびスターリンソ連首相はクリミア半島のヤルタで首脳会談を行った。その結果、二月十一日に(i)「クリミア会議の議事に関する議定書」と(ii)「ソ連の対日参戦に関する合意」からなる戦争完遂と戦後処理についての一連の協定が締結された。(ii)のうち、ソ連は、南樺太の返還、大連港の国際化とソ連による優先利用、旅順軍港の租借、南満州鉄道の中ソ合弁経営、満州における中国の主権保持、千島列島の割譲などと引換えに、ドイツ降伏後、二—三ヵ月以内に対日参戦することになったが、[16] この部分は、当時発表されず、いわゆる「ヤルタ密約」の全容があきらかになったのは、戦後十年を過ぎた一九五五年三月十七日付『ニューヨーク・タイムズ』紙上であった。ちなみに会議がヤルタで開催されたのはスターリンが健康上の理由で旅行は無理だとしてソ連の対日参戦を望んだローズベルトが譲ったためで、元来病身であったローズベルトは長距離の移動を余儀なくされたうえ、ヤルタではきびしい会議のスケジュールのため、健康は一層悪化し、ローズベルトの死期を早める結果になったと言える。(17)

一九四五年四月十二日、ローズベルト大統領の急死に伴い、トルーマン（Harry S Truman 1884-1972）副大統領が第三十三代合衆国大統領に就任した。副大統領時代重要な情報をローズベルトから教えられることはなかったトルーマン大統領が原爆の全容を知らされたのは、同年四月二十四日、スティムソン陸軍長官からであった。(18)

一九四五年五月七日、ナチス・ドイツが無条件降伏した。トルーマンは、翌五月八日、「われわれの攻撃は、日本の陸海軍が無条件降伏して武器を放棄するまでは中止することはない」と声明を発表した。後述するように、同日、海軍情報将校ザカライアス（E.M.Zacharias 1890-1961）大佐は、フォレスタル海軍長官の信認と支持を得て、日本人の友人との交友関係を駆使して、日本に無条件降伏を受諾させるための十四回にわたる対日放送を彼自身が、日本語・英語で開始することになる（第七章参照）。

スティムソン日記によれば、五月八日、午前八時十五分、スティムソンは大統領に招集され、八時三十分から前記の大統領執務室でのトルーマンの放送に同席した。このあと十一時から、グルー、フォレスタルとの三人委員会が行われ、「通常の業務が終わると、フォレスタルとグルー以外の全員に部屋から出てもらって、自分が議長を務めている原爆S-1のための暫定委員会（Interim Committee for S-1）についてその目的を二人に話した[19]」。

一方、日本では、鈴木貫太郎首相が、五月九日、ドイツの降伏にもかかわらず、戦争遂行の決意は不変との声明を発表した。しかし、五月十四日、最高戦争指導会議は、対ソ交渉方針を決定、終戦工作を開始した。サイパン失陥以降、一九四四年十一月二十四日、マリアナ基地のB29が東京をはじめて空爆、四五年三月十日の東京下町の大空襲、五月二十五日の東京山の手の大空襲はじめ全国各地が空爆に見舞われるようになっていた。

一九四五年五月二十八日、グルーは、国務長官代行としてトルーマン大統領との約束をとりつけ、十二時三十五分、大統領顧問ローゼンマン（Samuel Rosenman）判事とともに大統領と会った[20]。このときグルーは、自説の天皇制存置論を大統領に対してつぎのように提起した。

対日戦に際して、われわれの主要目的の達成、すなわち、日本が再び世界の平和に対して脅威とならないようにするためには、現在も未来も、なんら犠牲にすることがあってはならないということが、初歩的かつ基本的な考えである。これは、日本の戦争機構と日本人が再びこうした機構を製造する能力を破壊することを意味する。日本の軍事機構は、完全に破壊されなければならないし、可能な限り軍国主義礼賛は抹殺しなければならない。

以上のような基本的な考えを前提として、アメリカ人の人命の損失を可能な限り、少なくし、われわれの目的を達成することが、われわれの狙いでなければならない。したがって、われわれの原則もしくは目標を犠牲にすることなく、日本人がいま無条件降伏するのが、より容易になるような段階に注意深く配慮すべきである。

私は、日本人がどう行動するかを確実に予想したことはないが、日本人は狂信的な国民で最後の窮地そして最後の一人まで戦うことができることを憶えておかなければならない。かれらがそうすれば、アメリカ人の生命の犠牲は予想することができない。

日本人による無条件降伏の最大の障害となっているのは、無条件降伏が天皇ならびに天皇制の破壊もしくは永久の排除と信じていることである。完全に敗北し、将来戦い得なくなったとき、かれら自身の将来の政治組織を決定することが許されるなら、面子が保たれ、降伏がそれほど難しくはないであろう。

二日前に起こった東京の大惨害に続き、こうした声明を発表すれば、最大限の効果があろう。この特別なときの、こうした声明の心理的な効果は、非常に大きいであろう。

どの国よりも日本人の損害を蒙った蒋介石が、その軍隊に対するメッセージで、自分の意見では、敗北し後悔している日本は、将来の政治組織を決めることを許されるべきだ、と以前に述べたことがある。

日本人から天皇ならびに天皇制を剥奪するという考えは、われわれの軍隊が引き揚げれば(われわれは、永久に日本を占領できない)、日本人が天皇ならびに天皇制を復活させるのは疑いないという理由で不健全である。
長期的観点から日本でわれわれが希望しうる最善は、日本ではわれわれの民主主義制が決してうまく行かないだろうと経験が示しているから、立憲君主制である。
日本における天皇ならびに天皇制が、かれらの攻撃的な軍国主義の根と考えている人々は、歴史の事実をほとんど知らない。〔中略〕
これまでの事実は、宣戦布告の詔書に署名したヒロヒトの責任を免責するものではなく、責任はヒロヒトにもある。天皇が署名したかどうかに関係なく、急進派が、かれらの途を突き進んだことがポイントである。ひとたび、軍国主義的急進派が敗北により信頼を失えば、純粋に象徴である天皇は、日本国民が、かれらの軍事指導者が日本を敗北させたと確信するなら、立ち現れてくる新しい指導者によって利用されるであろう。したがって、天皇制は、軍国主義者が厳しい方法で、かれらが将来なんの希望もないと知ったうえは、国にとって平和な未来を建設する礎石となりうるであろう。

回顧録（Turbulent Era）によれば、それからグルーは、予定されていた五月三十一日の演説で大統領が挿入を考慮するかもしれない、おおまかな原稿を大統領に手渡した。これに対して大統領は、自分の考えも同じだから、グルーの言ったことに興味をもったと述べた。それから、大統領は、まず、陸軍長官、海軍長官、マーシャル将軍、キング提督とこの問題を議論するように取り計らい、その後で、同じグループとホワイトハウスで議論したいと言ったので、グルーは明朝そうした会合をアレンジすると述べ、ローゼンマン判事に同行してくれるように述べると、彼はそうすると言ってくれた（会議は翌五月二十九日午前十一時、スティムソン長官の部屋で行うことになった）。ローゼンマン判事は草案を若干手直しし、声明に入れる三、四ヵ所を示唆してくれた。

翌一九四五年五月二十九日、大統領からの要請によりスティムソン陸軍長官のオフィスで行われた会議の出席者は、スティムソン陸軍長官、フォレスタル海軍長官、マーシャル将軍（参謀総長）、エルマー・デイビス戦時情報局長、サムエル・ローゼンマン判事（大統領顧問）、ユージン・H・ドゥーマン（国務省）、ジョゼフ・C・グルー国務長官代理で、キング提督は欠席であった。グルーは、デイビス、ローゼンマン、ドゥーマンを同道した。

グルーは、会議の目的について、対日戦争に関して大統領が近いうちに行う予定の講演で、日本の政治組織を決定する意図が「我々」にはないと示すべきかどうかの問題を議論することだと述べた。議論は、一時間続いた。議論のなかで、スティムソン・フォレスタル・マーシャルは方針に賛成したが、「発表されていない、ある軍事的理由」から大統領が、いま、こうしたことを述べるのは適当でないことがあきらかになった。要は発表のタイミングが問題全体の要点であった。会議の合意事項はグルーから大統領に伝えられた。(21)

こうして、グルーの提案（天皇制存置論）は棚上げされることになった。しかし、グルーはあきらめなかった。

六月十六日朝、グルーはトルーマン大統領と会い、沖縄陥落時に対日声明を出すべきだと進言した。トルーマンは草案を準備してくれるなら、もう一度考えてみようと答えた。グルーは早速その日の夕方に声明案をトルーマンに提出した。しかし、その二日後の十八日午前、トルーマンは「考えは結構だ。しかし、これは三大国〔ポツダム〕会談での討議まで延ばすことに決定したと述べ、グルーの提案は取り上げられなかった。(22)

これ以後、対日政策の主導権はスティムソン陸軍長官に握られたが、スティムソンもまたグルーが提起した天皇制存置論を継承した。六月二十六日の三人委員会でスティムソンの書き上げた覚書草案が読み上げられ、討議の後、実際の対日声明案および関連文書を起草する小委員会が設置された。(23)一九四五年七月二十日、スティムソンがトルーマン大統領に提出した「対日計画案・覚書」の第五項はつぎの通りであった。

連合国のこれらの諸目的が達成され、かつ、日本国民の多数を代表し、平和的傾向を有する政府が樹立された場合においては、占領軍は日本から撤収されるべきこと。なお、私は、このように述べる際に、われわれが現在の皇室の下における立憲君主制を排除するものではない(We do not exclude a constitutional monarchy under her present dynasty)と付け加えるならば、日本側の受諾の可能性を相当に高めることになると個人的に思っている。(24)

この「覚書」でスティムソンは、はじめて「現在の皇室の下における立憲君主制を排除するものではない」という文言を挿入したのであった。そして「この覚書」を基礎にマクロイ（陸軍省）、ドゥーマン、バランタイン（国務省）らによる対日声明案起草小委員会が手を加えてできたのが、つぎのポツダム宣言草案第十二項となっていったのである。

われわれの諸目的が達成せられ、かつ日本国民を代表する平和的傾向を有し、責任ある政府が確実に樹立されたときは、連合国の占領軍は、ただちに日本国より撤収されるものとする。このような政府は、再び侵略を意図せざることを世界が完全に納得するに至った場合には、現皇室の下における立憲君主制を含みうるものとする[25]（This may include a constitutional monarchy under the present dynasty）。

しかし、周知の通り、天皇制存置論と原爆投下問題が複雑に絡み合った結果、実際に発表されたポツダム宣言からは第十二項後段の「立憲君主制」への言及は削除されることになるのである。

四　ポツダム宣言への道

一九四五年六月八日、日本では、天皇出席の最高戦争指導会議において、本土決戦準備の「今後採るべき戦争指導の基本大綱」が採択された。同じ頃、アメリカではトルーマン大統領主催の重要会議がホワイトハウスで開催され、九州上陸が検討されるとともに、会議の出席者のなかに原爆開発の事実を知るものと知らないものが混在する状況の下で、戦争終結に関して日本に対して発出すべきメッセージに関する議論が行われた。

一九四五年六月十八日（月曜日）午後三時半からホワイトハウスで開催された最高首脳会議への出席者は、トルーマン大統領、ウィリアム・リーヒィ海軍元帥（William D. Leahy, 大統領軍事顧問）、マーシャル陸軍元帥（参謀総長）、キング海軍元帥（海軍作戦部長）、イーカー陸軍中将、スティムソン陸軍長官、フォレスタル海軍長官、マクロイ陸軍次官補、マックファーランド陸軍准将（会議書記）だった。ここで、会議の前夜からのマクロイ陸軍次官補とスティムソン陸軍長官のやり取りにさかのぼって、会議当日の様子を記したマクロイの回顧録"McCloy on the A-Bomb"[26]の記述を検討してみよう。

会議前夜、スティムソンは、気分がよくないのでマクロイに代理出席を頼んだことから、原爆開発の完成が間近いことを知る両者は翌日の会議で大統領にいかなるアドバイスをするべきかについて議論した。この場でマクロイは、翌日の会合で、自分がどんな態度をとるかについて、われわれの意見は完全に一致したと思った。[27]

翌日、驚いたことにスティムソンも会議に出席した。マクロイは退出しようとしたが、スティムソンはマクロイが戦争を終結させる条件について徹底的に研究してきたから、マクロイにとどまって欲しいと言い、大統領も同意した。

会議は、国務省からの代表の出席もなく、軍事的なものであった。出席者のなかには、原爆の件について知っているものもいたが知らないものもいたので、原爆について徹底的に議論することは憚られた。トルーマン大統領が議長をつとめ、対日戦の早期終結のために九州上陸を決定するに際して、ほかに合理的な選択肢があるかどうかについて、出席者に意見を述べてもらうのが目的だと大統領は述べた。最初に指名されたマーシャル将軍は、原子爆弾には言及せず、爆撃だけでは日本軍の降伏はあり得ず、本州攻撃に対する予備的なものとして最初に九州を攻撃することを薦めた。キング提督も同じ意見であった。マクロイは、陸、海、空の参謀の間で、事前に意見の一致があったのではないかという印象をもった。

最後に大統領が出席者全員の意見を聞いたが、九州攻撃以外の意見はなく、スティムソンも大統領の最善の途は九州攻撃を承認することだという意見を述べた。マクロイはこれにはびっくりしたが、われわれが前日に達した、と自分が思ったのと違う結論に達したのだろうと推測した。会議が終わりかけたとき、大統領がそれまで黙っていたマクロイに気付き、「マクロイ君、意見を述べないでこの部屋を出る人物はいないよ」と言った。マクロイが、スティムソンを見ると、「全く自由に見解を述べていいよ」と言った。

そこでマクロイは、「徹底的に検討すべき代案があると考えますし、伝統的な攻撃と上陸以外のなんらかの方法で戦争を成功裡に終結させる方法を求めないなら、われわれは頭の中身を調べてもらうべきです」として、スティムソンに前夜話したことを述べた。上陸作戦がもたらす大きな犠牲者

（Casualties）のことを考えても、この段階で政治的解決をはかることは、名誉であるのみならず、非常に望ましい。なぜなら「アメリカの優位は、物理的にも道徳的にも大変大きく、特に、われわれが爆弾を所有しているので、とても信じられないほどです。確かに、われわれは実験を完成していませんが、科学者たちは完全な自信をもっています。爆弾に関する問題は克服されたとすべての報告は示しています」とマクロイは原爆開発が完成間近いことに言及した。

さらにトルーマン大統領から詳しく説明するように求められたマクロイは、大統領が、（ポツダムから）天皇宛に、われわれの圧倒的な軍事的優位を説明し、われわれは完全な降伏を要求するが、国にこのような破壊をもたらした要因を取り除いたあとは、日本が引き続き国家として存在する日本の権利を認めることを述べた強い調子の文書を送ることが望ましいとして、つぎのように述べた。

この文書は、ミカドの継続を含むことになるでしょうが、立憲君主制を基礎としなければならないこと、日本が必要とする海外での天然資源の入手は認められるが、過去に計画したような支配権であってはならないことも含む。こうした申し入れをしても、日本から降伏の通告がない場合、アメリカは革命的規模でひとつの都市を一撃で破壊しうる兵器を所有していることを日本人に知らせ、それでも降伏しないのであれば、アメリカは、これを使用せざるを得ないことを通告すべきです。(28)

トルーマン大統領は、マクロイの述べたことは自分が求めていることだと言い、大統領の顧問をつとめていたジェームズ・バーンズ（James F. Byrnes）上院議員（上院民主党院内総務）と相談するように求めた。(29)しかし、直ちにバーンズを訪問したマクロイに対して、バーンズは、マクロイの提案はアメリカの弱さと受け取られかねないので、反対しなければならないと述べた。バーンズは、天皇を戦争犯罪人として取り扱うように主張しているわけではないが、日本の降伏要求と付随した「取り引き」（deal）には反対であるとして、あくまでもなんらの条件も事前には提示しない無条件降伏を要求することを強く主張したのである。(30)

この直後の一九四五年七月三日、バーンズは新たに国務長官に就任した。グルーが大統領に手渡したポツダム宣言の下になると考えられた草案をポツダム会議の準備に忙殺されていた、バーンズに手渡すことができたのは、バーンズが飛行場に向かうときであった。(31)このグルー草案に対して、代表団一行とともに七月六日夕刻ワシントンを出発、ポツダムに向かうに先立ち元国務長官であったハルに電話で伝えた感想が、ハルの『回顧録』にはつぎのように記されている。(32)

バーンズ国務長官は、一九四五年七月のポツダム会議に出発する直前、私のアパートに電話をかけてきて、トルーマン大統領が彼に与えた草案の要点を述べた。アメリカ合衆国、イギリス、ソ連がポツダム会議で発表することになっている日本に対する宣言は、日本が和議に応ずるなら天皇制（the Emperor institution）は維持されるという宣言を含んでいた。バーンズは私の意見を聞いてきた。彼は、国務、陸軍、海軍の各省の高官達はこれを了承していると述べた。

彼は数分後に出発するので手紙を書いている時間がないが、この声明は、われわれが無条件という立場を断固として守っている現在では特にそうであるが、あまりにも日本に対して宥和的なように思われたと返事した。私はその言葉使いであれば、天皇制の維持を保証しているのみならず、天皇のもとにいる支配階級の封建的特権を保証しているようだと指摘した。私は、天皇と支配階級はすべての特権を剥奪され、他の人々と法の前で平等の立場に置かれなければならないと述べた。

この電話を受けて、ハルは、七月十六日付でバーンズに対してグルー次官を通して電報を打っている。合衆国外交文書に、「最高機密」、「至急電報」として送信された電報が残っているので以下に全文を紹介する。(33)

国務長官代理より国務長官へ

（ワシントン）一九四五年七月十六日

最高機密

ハル氏は、日本に降伏を呼びかける声明草案(34)に関し、つぎのようなコメントを貴職に送るように小職に要請している。

「ジェームズ・F・バーンズ国務長官宛―機密「小生〔ハル〕は文書〔ポツダム宣言の草案、日付なし〕全体、特に第十二項に言及します。陸軍、海軍両長官と、国務次官〔グルー〕が、それ〔草案〕を支持しているのは、最も重大な考慮を払う必要があるのを示しています。重大な意見の対立を生み出そうと計算された核心は、第十二項にあり連合国側の勝利の場合に天皇とその君主制が維持される旨、連合国がいま（now）宣言を出すとの提案に関連しています。小生はこれをおおまかな形で取り上げていますが、一般国民も疑いなくこのように解釈するでしょう。

提唱者たちは、この措置が戦争を短縮し、連合国の人命を救うのではないか、と信じています。天皇とその宗教に耳を傾ける人たちが猛烈に戦ったり、抵抗しなくなる結果、連合国の人々の生命が助かり戦争が短縮されるなどという理論です。もしも、この試みが成功することになれば、これはいっそう魅力あるものになるでしょう。反面、誰もこの提案がうまく行くか知らないのです。軍国主義者達がこれに干渉しようとするでしょう。また、これが失敗すると、ジャプども（the Japs）は勇気づけられる一方、アメリカでは恐ろしい政治的な反動が起きるでしょう。まず、連合国側の爆撃が最高潮に達し、ソ連が参戦するのを待ったほうがよくはないでしょうか？

ハル

ハルは当時原子爆弾のことは知らされていなかったから、通常の空爆を想定していたわけであるが、ソ連の参戦に重きを置いているのが興味をひく。翌七月十七日、このコメントに対するバーンズの回答が、グルー国務長官代理経由でハルに伝えられた。その回答文は、「私は宣言文の発表を遅らせることに同意する。そしてもし発表されるなら、あなたが言うように言明（Commitment）を含めない[35]」というものであった。

ポツダム会談は、一九四五年七月十七日―八月二日、ベルリン郊外のポツダムで、トルーマン米大統領、チャーチル英首相（途中でアトリーと交代）およびスターリンソ連首相によって行われた。「日本」は正式議題として討議されることはなかった。アメリカの国務省は、事前の準備段階では、日本問題を取り上げる用意を進めており、「対日声明（のちのポツダム宣言）」が米側の議題案に含まれていた[36]。

しかし、チャーチル英首相は当該議題は不要との姿勢をとり、ソ連のスターリン首相は、日本問題を議題に提案しなかった。このため会議は欧州の戦後処理だけに限定されることになった[37]。一方、トルーマン大統領は、原爆実験の完成日と関連してポツダム会議開催の日を決めていた。元来、トルーマンは、米、英、ソ連の三大国が名を連ねる「最後通牒」を日本に突きつけ、その早期降伏を実現するつもりであった。だが、首脳会談開催の前日、七月十六日に、スティムソン陸軍長官（原爆開発計画の責任者）からトルーマン大統領に連絡があった原爆実験成功の報を受けて、日本を威圧して降伏に持ち込み得る、新手段「原爆」を手にしたトルーマンは、ソ連をポツダム宣言の調印国からはずしてしまった。そして、長年にわたり日本からの侵略に抵抗している中国を第三の調印国にすることに決めた[38]。わずか五ヵ月前にヤルタ会談で、アメリカから政治的代償と引き換えに、対日参戦を懇望されて準備を進めてきたソ連は、日本への最後通告であるポツダム宣言に参加を要請されず内容も協議も受けなかった。それどころか、ポツダム宣言に集まった世界の報道陣より二時間以上も遅れて宣言の内容を知らされるという屈辱を味わうことになる。[39]

それでは、ポツダム宣言草案第十二項は、会議開始後、実際にどのような経緯をたどって発表された宣言の内容のとおりになったのであろうか。

一九四五年七月十八日、大統領付き参謀長兼統合参謀長会議議長リーヒィ[40]（William D. Leahy）提督は、対日無条件方式を扱った対日宣言案を検討したつぎのような覚書を大統領に送っている。

統合参謀長会議議長から大統領へ

極秘　ワシントン［バーベルスベルク］一九四五年七月十八日

大統領宛覚書[41]

統合参謀長会議議長は、閣下に手渡してある国務、陸軍、海軍によって用意された対日無条件方式を扱った対日宣言案について検討した。

軍事的観点から統合参謀長会議議長は、この宣言文（Proclamation）は全体として満足だと考える。しかし、十二項の終りの表現は、もっと明確にされた方がよいと思われる。天皇の極端な信奉者たちにとっては、「現在の皇室のもとで、立憲君主制を含めることができる」という語句は、現在の天皇を退位または譲位させ、皇族のほかのメンバーの誰かを就任させるというように誤解されるかもしれない。日本における過激派にとってこの語句は、天皇制および天皇崇拝をいままで通り継続してよいものと、解釈されるおそれがある。

統合参謀長会議議長は、したがって、十二項の終りの「現在の皇室のもとでの立憲君主制を含めることができる」という部分を「いっそうの攻撃に対する適切な保障を条件として、日本国民は自由にかれら自身の政府を選択する」と直すことを薦める。

このようなステートメントなら、連合国は、日本がどんな政治形態をとろうとも、特定の政体を支持したいという言質を与えたことにならないし、連合国として認めることができない政府の樹立を阻止できるだろうし、日本国民のどのような階層にも、呼びかけることができるであろう。

純軍事的見地からすれば、統合参謀長会議議長は、日本本土と同様に、海外の日本軍の降伏を命令することのできる天皇の権威を利用することを、困難かつ不可能にするような、どんな声明をとることも賢明ではないと考える。

統合参謀長会議議長

ウィリアム・D・リーヒィ

さきに七月十六日、トルーマン大統領に原爆実験の成功を通知したスティムソンは、七月二十日付で大統領に提出した覚書でつぎのように述べている。

陸軍長官〔スティムソン〕より大統領へ
最高機密［バーベルスベルク］一九四五年七月二十日
大統領あて覚書[41]
日本に対する宣言案
対日警告案第二項は、つぎにようになっています。
「（2）合衆国、英帝国および中華民国の巨大なる陸、海、空軍は、西方より自国の陸軍および空軍による数倍の増強を受け、日本国に対し、最後的打撃を加うるの態勢を整えた。この軍事力は日本国が無条件降伏するまで〔中略〕。
私は、この項目の最後の語句「日本国が無条件降伏するまで」という言葉に困惑されます。私は、これらの語句を「日本が抵抗をやめるまで」と変更されることを示唆します。このような変更は、つぎのような二つの利点をもちます。
（1）「無条件降伏」という言葉は、ここでは必要ないし、この言葉を避ければ、日本人に戦争継続が無駄なことを公然と認識させることを容易にします。
（2）それは言葉のうえで困惑させる矛盾を避けさせます。〔中略〕実質的に無条件降伏を要求することは非常な困惑を生じさせ、日本語に上手に翻訳されないと、その表現はわれわれの目的を失敗させるかもしれません。

私は、一九四五年七月十八日の統合参謀長会議議長〔リーヒィ〕の覚書によって示唆された第十二項の改定に賛成します。

ヘンリー・L・スティムソン

しかし、対日宣言文は、七月二日のスティムソンの覚書を基にして、トルーマン大統領とバーンズ国務長官が相談し、チャーチル首相の意見をとりいれて作成したため、天皇の将来の地位に言及した部分を含まないものとなった。この点に関してバーンズ国務長官は、著書(Speaking Frankly)のなかで、つぎのように述べている。

陸軍長官が七月二日、大統領あてに提出した日本への宣言文の覚書を基に、大統領が、合衆国、イギリス、中国との共同宣言を準備した。大統領と私は、それを検討した。それからチャーチル首相が行った示唆も取り入れた。チャーチルが同意した宣言文は、天皇の将来の地位に言及した部分を含まなかったことを除くと、スティムソン陸軍長官の提案の大筋に従ったものであった。(42)

以上の結果、ポツダム宣言のなかで重要と考えられる六条、十二条と十三条とは、つぎのようになった。(43)

6. 吾等は無責任なる軍国主義が世界より駆逐せらるるに至る迄は平和、安全及正義の新秩序が生じ得ざることを主張するものなるを以て日本国国民を欺瞞《ぎまん》し之をして世界征服の挙に出づるの過誤を犯さしめたる者の権力及勢力は永久に除去せられざるべからず。

12. 前記諸目的が達成せられ且《かつ》日本国国民の自由に表明せる意思に従ひ平和的傾向を有し且責任ある政府が樹立せらるるに於ては連合国の占領軍は直に日本国より撤収せらるべし。

13. 吾等は日本国政府が直に全日本国軍隊の無条件降伏を宣言し且右行動に於ける同政府の誠意に付適当且充分なる保障を提供せんことを同政府に対し要求する右以外の日本国の選択は迅速且完全なる壊滅あるのみとす。

米、英、華　三国宣言（一九四五年七月二六日「ポツダム」に於て）

ポツダム宣言が、一九四五年七月二十六日発出されると、鈴木貫太郎首相が、一九四五年七月三十日黙殺声明を発表した。その結果、トルーマンは原爆投下を決定、ソ連参戦の口実にも利用されることになったのである。

五 「真の日本の友」

「日本計画(最終案)」の利用として特記すべきことは、ジョゼフ・C・グルー元駐日大使が合衆国に帰任、国務省顧問となったとき、「日本計画(最終案)」と写しを与えられ、ラインバーガーが、グルーのアメリカ国内講演旅行の演説草稿作成を手伝ったことであった。グルーは知日、ラインバーガーは親中(国民政府)であったが、両者の打合わせ(一九四二年十月十一日)では、「遠まわしであっても、できれば天皇(The Throne)に言及しないこと」とされた。日本の軍部にあくまで立ち向かうべきだと述べた講演旅行は成功し、その一部を本にした"Report from Tokyo – A Message to the American People"(1942)はベストセラーとなった。その後ラインバーガーは、一九四三年六月、中国、ビルマ・インド戦域に転出し、一九四三年十二月二十九日、「シカゴ演説」が物議を醸したグルーはハル国務長官から全米講演旅行の中止を命ぜられた。

グルーは、一九四四年五月一日、ホーンベックに代わって国務省極東局長に就任、自分が抱いてきた対日戦後政策を実現しうる地位に就任した。グルーは、ひそかに自分の日記から編集した『滞日十年(Ten Years in Japan)』の出版のタイミングをはかっていた。この本は、前著とは違って、日本には平和分子がいることを知らせようとしたのであるが、出版と同時にベストセラーになった。さらにグルーは、ステティニアス国務長官に推されて国務次官に二度目の就任をすることになった。

上院外交委員会聴聞会（一九四四年十二月十二日）では、天皇「女王蜂」論を展開し問題となったが切り抜け、十二月十九日、正式に国務次官となった。次官就任後は、スティムソン陸軍長官、フォレスタル海軍長官、グルー国務長官代行の三人委員会のメンバーとして、天皇制存置の努力を進めることになった。しかし、グルーがドゥーマンの協力を得て作成した草案は、ある軍事的な理由（原爆）から適当ではないこと（一九四五年五月二十九日）になり、一九四五年六月十八日ホワイトハウスで開催された最高首脳会議（国務省代表の出席なし）は、日本本土上陸作戦を実施した場合の戦闘犠牲者に対する考慮から原子爆弾の使用に傾いていった。ポツダム宣言（一九四五年七月二十六日）では、トルーマン大統領と親しいバーンズ新国務長官（七月三日就任）の意見が有力となり、グルー、スティムソンが求めた天皇条項は削除された。

一九四五年八月十五日、グルーは国務省を退職した。それ以後、"Turbulent Era I, II" の執筆に専念した。(44) アメリカ大使以来、長い間グルーに仕えてきたドゥーマンは、同書の執筆に協力したという。またグルーは、元駐日大使、元国務次官をつとめたキャッスル（William R. Castle）とともに、初期対日占領政策の経済的社会的改革を修正させるために、一九四八年ニューヨークで設立されたアメリカ対日協議会（American Council on Japan, ACJ）の共同議長もつとめた。(45)

一九六〇年九月二十九日、マーフィー元駐日大使と一緒に日本政府より勲一等旭日大綬章を授与されたが、グルーは病弱のため欠席した。一九六五年五月二十五日夕刻、グルーは、マンチェスターの自宅で死去した。(46) 八十四歳であった。六月十八日、東京ユニオン教会で行われた追悼式には、八十六歳の吉田茂元首相をはじめ多数の人々が参列した。吉田茂が述べているように、グルーは「真の日本の友」であった。そして、グルーが、一九四五年五月十八日、ハリマンとボーレン宛の覚書に書いていたように、冷戦を先取りしていた優れた外交史家であった。

□ 注

（1） 一九四四年一月三十一日、グルーはサイモン&シュスター社のクウィンシー・ハウ（Quincy Howe）宛 "*Ten Years in Japan*" の校正刷を返送するに際して「もし私の本が四月に発売されると、非常に悪い効果を持つのではないかと恐れます。もうしばらくしてわが軍隊が東京にもっと接近し、日本の陸海軍の最終的敗北が近づき、最後の幕引が見えてくれば、私の本がアメリカ世論を正気の和平に導くのに役立つと信じます。したがって私の意図からすれば、当面、本書の刊行を見合せ、今よりも本書を出版するのが好ましいと思われる時期をしばらく見守りたいと思います」と書き送っている。中村政則『象徴天皇への道』岩波新書、一九八九年、六四、六五頁。

（2） Joseph C. Grew, *Ten Years in Japan* (New York: Simon and Schuster, 1944), x. ジョセフ・C・グルー『滞日十年（上）』毎日新聞社、一九四八年、七頁。

（3） *Ibid.*, xi. 前掲訳書、八頁。

（4） *Ibid.*, xi, xii. 前掲訳書、八、九頁。

（5） *Ibid.*, ix. 前掲訳書、五頁。

（6） *Ibid.*, x. 前掲訳書、六頁。

（7） *Ibid.*, x. 前掲訳書、六頁。

（8） *Ibid*., x. 前掲訳書、六、七頁。

（9） 中村、前掲書、七〇頁。

（10） 藤村瞬一「軍産複合体の起源をめぐって」 小原敬士編『アメリカ軍産複合体の研究』日本国際問題研究所、一九四六年、五五頁。

（11） Joseph C. Grew. *Turbulent Era – A Diplomatic Record of Forty Years,* Vol ll, Houghton Mifflin Co., 1952. pp.1383-1384.

（12） U.S. Congress. Senate, Committee on Foreing Relations. Nominations – Department of State. *Hearrings before the committee on Foreign Relations United States Senate Seventy-Eighth Congress second session on the Nominations of Joseph C. Grew, of New Hampshire, to be Under Secretary of State.—December 12 And 13, 1944*. Washington, D.C.: United States Government Printing Office, 1944, pp12-20.

（13） ここまでは拙訳。以下は、前掲『資料日本占領1 天皇制』「上院外交委員会聴聞会におけるジョセフ・C・グルーの陳述、一九四四年十二月十二日」（二七五―二七八頁）を参照した。

（14） Henry L. Stimson and McGeorge Bundy. *On Active Service and War* （New York: Harper & Brothers, 1947). p.563.

（15） 前公正取引委員会委員長・現最高裁判事ダグラス（William O. Douglas）とローズベルト大統領のアドバイザーで法律事務所を通じてディロン・リード商会と取引のあったコーコラン（Tom Corcoran）とが大統領にフォレスタルを政権に採用するように勧奨したため、一九四〇年六月、フォレスタルは年一万ドルの俸給で特別行政補佐官（Special Administrative Assistant）の六人のうち（Roosevelt " Secret Six"）の一人として採用された。（Robert Sobel, *The Life and Times of Dillon Read,* Truman Talley Books, 1991）p.222.

（16） 国際法学会編『国際関係辞典』第二版、三省堂、二〇〇五年、八四九、八五〇頁。

(17)「ルーズベルト（長年来の動脈硬化症であった）の血圧を継続的に計っていたのはブルーエン博士だったが、一九四四年三月、彼の血圧はあまりに高い値を示した。最高一八五ミリ最低一〇五ミリである」（P・アコス、P・レンシュニック、須加葉子訳『現代史を支配する病人たち』新潮社、一九七八年、一七頁）。
(18) Harry Truman, Memoirs. A Signet Book, New American Library, 1955, Volume one.pp.104.105.
(19) Stimson Diary. Tuesday, May 8, 1945 V-E Day. 一橋大学図書館所蔵。
(20) Joseph C. Grew, *Turbulent Era*, p.1428.
(21) *Ibid*., p.1434.
(22) 山極晃「ポツダム宣言の草案について」『横浜市立大学論叢』（一九八六年、三十七巻）五二頁。
(23) 山極、前掲論文、五四、五五頁。
(24) 中村、前掲書、一三七頁。
(25) 中村、前掲書、一三八頁。
(26) Appendix James Reston, *Deadline:A Memoire* (New York: Times Books, 1991), pp.503-512.
(27) *Ibid*., p.506.
(28) *Ibid*., P.174. FRUS, *The Congerence of Berline*, vol.2, p.889. footnote 2.
(29) *Ibid*., p.509.
(30) *Ibid*., p.509.
(31) *Turbulent Era* II, p.1424.
(32) *The Memoirs of Cordell Hull volume II*(New York: Macmillan, 1948), pp.1593-1594. コーデル・ハル、朝日新聞社訳『回想録』朝日新聞社、一九四九年。

（33）　Foreign Relation of the United States, Conference of Berlin (Potsdam) 1945 Ⅱ, p.1267.

（34）　FRUS, Conference of Berlin (Potsdam) 1945 I No.594 United States Delegation working Paper [undated] Top Secret Draft Proclamation by the Head of State U.S.-U.K.-[U.S.S.R]-China. pp.897-898.

（35）　FRUS, Conference of Berlin (Potsdam) 1945 II, p.1268.

（36）　五百旗頭真『米国の日本占領政策（下）』中央公論社、一九八五年、一九〇頁。

（37）　仲晃『黙殺（上）ポツダム宣言の真実と日本の運命』日本放送出版協会、二〇〇〇年、一七一頁。

（38）　中国の臨時首都重慶に駐在するアメリカ大使を介して、ポツダム宣言の内容を中国に通告する至急電報が打たれ、米政府は高圧的な姿勢で二十四時間の期限に向けて、ポツダム宣言への蒋介石総統の同意を要求した。仲晃、前掲書、一六九頁。

（39）　仲晃、前掲書、一六九頁。

（40）　FRUS Conference of Berlin (Potsdam) 1945 II No.1239, pp.1268, 1269.

（41）　FRUS Conference of Berlin (Potsdam), 1945 II, No.1241, pp.1271, 1272.

（42）　James F. Byrnes, *Speaking Frankly* (New York: Harper & Brothers, 1947), p.206.

（43）　外務省編、江藤淳解説『終戦史録Ⅳ』北洋社、一九七七年、七―一一頁。

（44）　第一巻の序文では、親しい日本人二人をあげ「樺山〔愛輔〕伯については、特に日本滞在の初期において、政界の裏面の動きを教えてくれ、日本の政治生活の動向に私が精通するのを助けてくれた」と述べ、「吉田茂首相については私は非常に有難く思っている」と述べている（foreword, viii, ix）。

（45）　Glenn Davis John G. Roberts, *An Occupation without Troops*（Tokyo: Yen books, 1996）, pp.51-80. G・デイビス、J・ロバーツ『軍隊なき占領』新潮社、一九九六年、「第二章　アメリカ対日協議会」。

（46）　*New York Times*, May 27, 1965, Obituary.

第七章　ザカライアス放送と対日心理戦

一　ザカライアス放送

これまでに検討してきたように、連合国・アメリカの日本占領政策の核心となっていくことになる天皇制存置論は、まず、対日心理作戦をめぐる方針の策定をめぐって、特にラインバーガー博士が起草の中心となった「日本計画」において同文書に「天皇を戦争努力に反対する宣伝の象徴（a Propaganda Symbol）」とする発想が盛り込まれたことに、その一つの重要な起源をもった。その後「日本計画」は結果として対日心理作戦をめぐる方針の公式文書としては撤回されたが、その発想自体は、「滞日十年」の経験から同様の発想をもつにいたった駐日大使ジョゼフ・グルーの帰国後の全米講演旅行という、もう一つの宣伝の場において、デイビスＯＷＩ（戦争情報局）局長の指示の下ラインバーガー博士がグルーの講演旅行を支援するという接点も含めて、継承されたのである。さらにグルーは、心理作戦・宣伝の一環として構想された天皇制存置・穏健派政治家の温存という発想を、国務省極東局長、国務次官という役職を通じて対日戦後政策の構想として推進することになった。しかし、天皇制存置論は、政府部内で理解を得る一方で対外的には対日宥和論と解釈されかねないという懸念などから、宣伝方針・戦後構想のいずれにおいても戦争終結以前に公式の場で採用されることはなかったのである。その一方、戦争の最終局面における心理戦争・宣伝戦争という場において、すなわち本章が検討するザカライアス（E. M. Zacharias, 1890-1961）海軍大佐による対日放送を通じて、ふたたびこの発想は重要な意味をもつことになる。

以下本章では、一九二〇年、日本駐在語学将校として赴任以来、三十四年間主として諜報活動に従事したザカライアス海軍大佐が、フォレスタル海軍長官の信任と支持を得て、日本語と日本人の友人との交友関係を駆使し、ドイツ降伏の翌日、一九四五年五月八日以来十四回にわたって日本語・英語で実施した対日放送は、日本に無条件降伏〝Unconditional Surrender〟を受諾させ、甚大な犠牲が予想されたアメリカの日本本土上陸作戦を回避することであったことを目的とし、結果としてこの対日放送は相当の影響を日本の上層階級に及ぼし、天皇裕仁が、終戦の方向に舵をとるきっかけになったこと、日本がポツダム宣言を冷静に受けとめることができたことを示したい。

ここで先行研究・関連文献について触れておく。

下村海南『終戦秘史』（講談社学術文庫、一九八五年、初出は一九五〇年）では、戦後はじめて「ザカリアス放送」に言及した著書である。本論文で取り上げた同盟通信記者・井上勇について「これは同盟通信の井上勇君という説もあったが、違う。また日本女性史の作品で名ある井上勇君でもない。結局、乾精末《いぬいきよすえ》（戦前に南カリフォルニア大学教授、戦後ＹＭＣＡ英語学校長）君らしく思われる」と書いているが、これは誤りである。

ザカライアス放送の効果・インパクトに関する評価としては、まずアメリカ側の評価として、『心理戦のケースブック』（William E. Daugherty and Morris Janovitz A Psychological Warfare Casebook,Baltimore:Johns Hopkins Press, 1958）では、編者がザカライアス放送を分析した論文（pp. 279– 291）で「対日放送の効果の評価についての結論は戦争が終結するまで待たねばならず、非常にむずかしい」と述べているが、最後に効果があったと述べたマッケボイ（対日放送のアナウンサー）のザカライアス宛の一九四六年八月二十九日付の手紙を掲げている。一方、日本側の評価としては、外務省編『終戦史録』Ⅲ（北洋社、一九七七年）が、ザカライアス放送は外務省首脳らにかなりの影響をあたえ、日本の終戦にある程度の力があったとしており、松本俊一（外務次官）手記を引用して傍証としている（二一八頁）。加《か》瀬《せ》俊一《としかず》『日本外交を叱る』（TBSブリタニカ、一九九七年）でも、当時外務大臣秘書官、北米課長であった加瀬が、「五月八日、ドイツ降伏の翌日、ザカライアス海軍大佐の対日心理攻勢が開始された。〔中略〕この謀略放送は北米課（外務省）が整理し、必要に応じて、私が迫水書記官長に説明した。」（一三八、一三九頁）と述べ、外務省がザカライアス放送を重視していた事実を指摘している。

北山節郎『ピース・トーク—日米電波戦争』（ゆまに書房、一九九六年）では、米国立公文書館（ワシントン）で、日本の海外向け放送「ラジオ・トウキョウ」を傍受した外国放送課報局（FBIS）の記録を調査した北山節郎が、その一部でザカライアス放送に対して井上勇（同盟通信）が行った対米放送について述べている。里見脩「プロパガンダの研究（十三）—ザカリアス放送」（『発言者』二〇〇四年九月）では、井上勇の回想録『戦時下の対話』を引用し、ザカライアスとの交渉について述べている。有馬哲夫『昭和史を動かしたアメリカ情報機関』（平凡社新書、二〇〇九年）では、「第三章　ポツダム宣言受諾に導いた対日心理戦―海軍情報局とザカリアス（八九―一二一頁）」において、グルーの天皇制存置工作の枠組みのなかで、ザカライアスの対日心理戦が成功したことを簡潔に述べている。

以上の先行研究をふまえ、以下、本章では、「最後の瞬間には天皇こそが一切を決定する力をもつ人間である」という考えをもっていたザカライアスがフォレスタル長官に提出して承認を得た「日本占領実施に関する戦略的計画」（機密一九四五年三月九日）、作戦計画1－45（機密一九四五年三月十九日）をできるだけ詳細にフォローし、それにもとづいて行われた対日放送（五名の協力者による）が『ワシントン・ポスト』紙宛の匿名の手紙とともに日本の支配層に影響をあたえたことを述べていきたい。

二　対日心理戦の準備開始

ザカライアスは、一八九〇年元旦、フロリダ州ジャクソンビルの煙草栽培業者の家に生まれ、一九一二年海軍兵学校を卒業、同期に極北探検家バードが居た。(1)兵学校で日本語を勉強したことが、彼の将来を決めたといえる。一九二〇年十一月、東京に着任したザカライアスは、以来三年六ヵ月にわたり語学研修将校として在勤、海軍の野村吉三郎大佐（のち外相、駐米大使）、永野修身《ながのおさみ》大佐（のち海軍軍令部総長）、米内中佐（のち海相、首相）らと「諜報戦」を展開した。一九二六年一月には、ワシントンＤＣで米海軍省に勤務中、山本五十六《やまもといそろく》海軍武官から日本海軍の発展方向を知った。一九三一年九月には高松宮殿下・同妃殿下の訪米旅行の随行を命ぜられた。後年ザカライアスは「この随行によって一行の十名の高位のひとびとをつねに近距離から観察するというめったにない機会を与えられた。それは、日本の指導層に対する私の心理戦において、ほかのいかなる手段をもってしても、日本人の信頼をうることが不可能であった情報を与えてくれた」と書いている。(2)

開戦後の一九四二年八月には、海軍情報局副長官として海軍諜報局内に特殊戦課を創設、ノーデン放送で成功した。一九四三年九月には戦艦ニュー・メキシコ艦長を命ぜられ、一九四四年中大規模な島伝い作戦（マキン、タラワ、サイパン、グアム）に参加した。このとき、「自分のこの苦境に対して責任があり、引いては日本の苦境に対しても責任を負うべき人間が東京で不謹慎な生活をしている時に天皇のために死ぬなどということは全く意味のないことである」(3)と記されたサイパン島斎藤軍司令官の日記を接収している。

戦後、一九四六年に退役した後、ザカライアスは一九五八年から五九年、ＮＢＣのドキュメンタリー（Behind Closed Doors）のナレーターをつとめた。一九六一年六月二十七日、ニューハンプシャー州ウェスト・スプリングフィールドの自宅で死去。同年七月三日、アーリントン国立墓地に埋葬された。(4)

ザカライアスは、日本専門の諜報将校としての体験ならびに戦艦の艦長としての実戦経験、海軍情報局副長官としての経験を踏まえて、「最後の瞬間には天皇こそが一切を決定する力を持つ人間であるとの考えに基付いて、自分の計画見通しを立てることにした[5]」と述べている。また、「戦争の全期間を通じて天皇は或る意味で常に風見（weather vane）のようなものであった[6]」との認識も示している。

一九四三年十二月、ザカライアスは、東京からのラジオ放送を聞きながら天皇の言葉が放送されているのに気付いた。このとき彼が耳にした天皇の言葉は、長い帝国の歴史始まって以来、今日より重要な危機はないという言葉で始まっていた[7]。「天皇にこの最後の意義深い勅語を出すよう勧めた人々が誰であったか判別することは、私にとってさ程困難なことではなかった[8]」と記したザカライアスが平和交渉を行う人々として適任であると考えていたのは、野村吉三郎大将、当時海軍大臣の職にあった米内大将、第一線にはいなかったが岡田啓介大将、元侍従長の鈴木貫太郎大将などであった。彼等こそ機が熟したときに、「対象」として考えるべきグループの人々であった[9]。

一九四四年七月七日、サイパン島の日本守備隊が全滅した。サイパン島の失陥とマリアナ沖海戦による航空機の損害によって、七月十八日、東條内閣は総辞職した。七月二十二日に成立した後継の小磯国昭内閣について、ザカライアスは、「もし小磯が誰か天皇に近いしかも私が考えていた降伏も辞さない平和主義者に内閣を渡すようなことになれば、われわれは必ず心理戦によって日本を崩壊させる機会に恵まれるに違いない[10]」と考えた。

参謀長としてサンディエゴの海軍第十一区（11th Naval District）司令部に転勤を命ぜられたザカラ

イアスは、戦艦では入手することができない情報を手に入れることができるようになり、戦局がまさに重要な段階に入ったことを認めた。最上層部における心理戦をいよいよ開始すべき時期が到来、日本は混乱していて、ただ心理戦によっても容易に崩れ去る態勢にあった。(11)

と同時に、ザカライアスは、もし事態を放置すれば、日本全土の海岸で数十万の兵士が死ななくてはならないのを予見することができた。何とかしなくてはならないと思ったザカライアスは、一九四四年十二月十六日付で、ニミッツ提督の下における渉外関係担当官の長としてＯＷＩ（戦時情報局）に派遣されてパール・ハーバーとＯＷＩとの間の連絡にあたっていたウォルドー・ドレーク（Waldo Drake）大佐につぎのような書簡を送った。(12)

〔前略〕現在東京にあって日本の陸海軍を統率している指導者達の弱点を知り、また彼等が公式のスポークスマンの言葉に如何に神経が過敏であるかを知る者として、小生は貴下の属する当局が何故にこの種の手続きを組織的に行われないのか甚だ理解に苦しむものであります。この種の活動は他国の指導者達に接近する場合と異なり、日本の場合特別な技術を要しますが、しかし小生はそれによって日本の指導者達を瓦解せしめ引いては多大の人命を救うと同時に戦争の終結を早め得ると確信致します。〔後略〕

（一九四四年十二月十六日付、ウォルドー・ドレーク大佐宛書簡(13)）

二週間もしないでザカライアスが受け取ったドレーク大佐からの返信[14]は、有望なものであった。

貴下の十六日付の書簡、多大の興味をもって拝見しました。〔中略〕しかし小生は現在エルマー・デーヴィス〔戦時情報局長〕のために働き得ることを幸福に思っています。貴下には無断で貴下の書簡を同氏に示した所、同氏は非常に感銘を受け、是非海外班太平洋課長ジョージ・テイラーに貴下の書簡を示すように求められました。テイラーも貴下の指摘された事項については全く同意見で、しかも非常に感心した模様で、同氏の示唆によりデーヴィスより小生に貴下に対し別便で貴下の意見をさらに纏めるように指示がありました。〔後略〕

一九四五年二月一日、ザカライアスは自分の試案がすっかり出来上がりその作戦計画も直ちに実施できるようになったので、つぎのような書簡を再び送った[15]。

〔前略〕統帥部に直接働き掛けるのには公式のスポークスマンを置くべきであると小生は信じます。即ち日本海軍或いは陸軍のなかで特定の個人を選出し、その人々に向って個人的に直接働きかけるということであります。このような放送は相手がよく知っており、しかも能力、名声いずれの点においても尊敬している我が陸海軍部の高官が行うべきであります。この点は特

に配慮が必要だと考えます。〔中略〕

このような放送は必ず数日にわたり引き続き同一の問題を繰り返し、多少の間を置いて再び繰り返す必要があります。そしてもし可能であれば相手側に向って放送を行うスポークスマンは放送を日本語で行い、次にそれを英語で繰り返す場合にも必ず同一人物が放送していることを明瞭に相手側に知らせるべきであると考えます。〔後略〕

一九四五年、ジェームズ・フォレスタル海軍長官が硫黄島の戦いを視察した帰途サンディエゴに滞在中、ザカライアスはフォレスタル長官と会見する機会に恵まれた。このとき短い会話を交わす間に長官が日本の最高指導部を打倒すべきであるとの自分の計画について報告を受けていることを知った。[16] そしてこのあと「長官はザカライアス大佐に対し約十日間の臨時任務に就くべくワシントンに出頭することを望む。支障なき限り同大佐に必要なる命令を与えられたし」との一通の電報が海軍省に届いた。[17]

フォレスタル長官は、ザカライアスに引続き情勢の戦略的判断およびこれに続く心理戦計画を準備する許可を与えたので、彼は一九四五年三月九日、長官に「日本占領実施に関する戦略的計画」(機密)(“Secret A Strategic Plan to Effect the Occupation of JAPAN”)[18] を提出した。同計画によると、日本侵攻は、三つの主要前提、すなわち(a)日本においては一切の物資を獲得しようとしないこと、(b)占領は平和条約を実施し、平和の恒久的維持を保証するための措置をとることを目的とすること、(c)日本の占領実施は戦争の早期終結とともに最小限の人的犠牲をもって実現することが望ましいこと——にもとづいて想定されるとしていた。ザカライアスは、これらの機密文書が歴史上重要なので、ここに全文を再現するとその著書に特記している。このなかで特に重要と思われる箇所を私が選んで以下に訳出しておく。

前提(c)については軍事力の使用を最低限にして日本の占領実施を可能ならしめる計画を早急に考慮すべきである。しかも、これは全面的侵攻が開始される以前に日本軍首脳部の意図を挫折せしめてはじめて実現可能である。

そして、このためにはつぎの四点にもとづいた行動が必要である。

1. 日本と大陸との間のすべての連絡に対してわが方の圧力を加えるため、日本本土に近接する諸島、殊に琉球諸島および中国海岸地区沿いにわが方の前進を続行する。
2. 大陸との頻繁な交通を阻止するため日本の西方および西南方面にある連絡港に爆撃を集中して、日本の「生命線」に対する圧力を強化する。
3. 皇居、伊勢神宮および皇族に対する攻撃は注意してすべて避けること。
4. (a)日本軍首脳部の各個人の威信を失墜させ、かくして優柔不断および内部抗争によってその能率を低下せしめるため、および(b)日本国民の前に軍首脳部の威信を失わしめるため強力な心理戦を行うこと。

さらに行動計画は「方針3　皇居、伊勢神宮および皇族の保護」で、「皇居、伊勢神宮および皇族を爆撃すべきか保護すべきかという問題は周到な考慮を要することである」と述べ、これらの目標は爆撃しないことを提案したうえで、「方針4　日本軍首脳部に対する心理戦の強化」についてつぎのように述べていた。

あらゆる条件および活動、例えば会議、査閲、危機などに際して日本人がどのように動くかを周到に観察した結果は、必然的に一つの結論に到達する。すなわち、日本人は地位の高低にかかわらず、自分が個人として重大な決断を下す責任は取ろうとしないものであり、また取ることができず、自分ひとりが責任を負うのではないことが長い議論の繰返しによって明らかとならなければ、そうしないということである。〔中略〕軍首脳部の検閲および統制をくぐり、かくして最上層部に分裂を生ぜしめうる可能性は事態の推移が日本にとって不利に展開し、またわが方が日本本土に近づくに従ってますます増大する。この分裂を生ぜしめる方法は心理戦の最も精密な技術を必要とし、またその個人的性格までもよく知られている日本側軍首脳部の各個人に直接働きかけてはじめて可能となる。しかもこの交渉を行うものは彼等のよく知っている個人であり、彼等の尊敬に価する人物でなくてはならない。交渉に使用される言葉は短刀直入にしかも力強いものでなくてはならないと同時に、常套的な決まり文句とは全く異ったものであるが故に効果的であると分っているものでなくてはならない。〔中略〕

現在われわれの直面する敵は己の敗北を知っている。生命を捨てることを意に介さず、天皇のために死ぬことを無上の光栄と考える如き狂信的な性向を持っているとはいえ、日本人もまた歴史の教訓或は将来への希望については現実主義者である。

わが方の条件は無条件降伏であることには依然変りはない。而して日本に戦争から手を引くよう圧力を加えるということはなんら敵に対する懐柔策を意味するものでもない。

日本国民が戦争に巻き込まれていった際の状況、現在の日本海軍の情勢およびわが方の空爆の効果などを考え合わせて見る時、ドイツが崩壊した今日、日本軍首脳部に戦争から身を引くべき適当な口実を与えることはできる筈である。わが方のとるべきあらゆる行動はこの日本軍首脳部の決断を促進せしめることを目的とすべきである。

上述した四方針に沿って行動することによって所期の目的は達しうるものと信ずる。わが方に取って甚大な損害を意味する日本本土攻略の必要をもなくすことが出来るとするならば、かような計画は即刻開始されるべきである。

フォレスタル長官は、本計画中に提案された方針の最上層部における主唱者となった。ザカライアスは、「多くの反対を押し切って長官がわれわれの最も必要としていた支持をわれわれに与えてくれたのは、実は当時の事情が何事をも試みて見ようと思う程重大であったと感じたからであり、また長官自身の型破り好きの性格にもよるためであった」[19]と述べている。
一九四五年三月一日、ヤルタから帰国後のローズベルト大統領は議会で報告演説を行った。この演説の後でまだ発表されていない秘密協定がほかにもあるのだろうという想像が行われはじめた。[20]大統領はドイツに関するかぎり、われわれの意味する無条件降伏とはなにを意味するかを明らかにしたうえで、ソ連との間に締結されたなんらかの軍事協定については、問題が軍事的作戦に関し、これを発表すると敵に利益を与える恐れがあるとの理由で、議会に対しこの協定を機密事項のなかに入れる許可を要請したからである。この協定が太平洋戦争へのソ連の参加という問題を含んでいるに相違ないと考えたザカライアスらは、この協定に反対であった。というのも、日本は降伏の前夜にあり、アメリカが最終的に日本を屈服せしめるのにこれ以上の援助も外部からの力も必要ではないと考えるからであった。[21]
ザカライアスは、ワシントンの町外れにある事務室にラヂスラス・ファラゴ[22]とステファン・T・ポソニー（Stefan T. Possony）[23]の二人と丸一週間立てこもって作戦計画1－45（機密一九四五年三月十九日）[24]計画を完成すると、一九四五年三月十九日フォレスタル海軍長官に手渡し、この作戦計画遂行に必要な上層部（ホワイトハウス）の許可を得てほしいと述べた。[25]
同計画の政策目標は、「軍首脳部の意志を弱化させ、停戦を履行させ、また戦争の早期終結に伴う最小限のわが方の人的損害をもって無条件降伏を実施することによって、敵の抵抗を排除しながら敢行しなくてはならない日本本土上陸作戦を不必要とすること」とされた。そして、宣伝目的をつぎのように定義した。

われわれの意志を敵に履行させるため、

（a）高位にある敵の指導者に対し、もはや将来の抵抗は希望がないことを認めさせること。

（b）軍の首脳部に対し完全な殲滅および奴隷化に代わる道のあることを認めさせること。

（c）「無条件降伏」（"unconditional surrender"）の意味を説明すること。

（d）この計画に反対するであろう敵の指導者の間に意見の不一致、混乱、反対を醸成すること。

さらに「3　行動方針」はつぎの通りであった。

公式スポークスマンは、

（a）敵の陸海軍、政界および経済界の指導者に対し経験から見て彼等の関心を惹くような主題を選び事実にもとづいた直接的な、しかも暗示に富んだ身近な方法で呼び掛けることによって、本計画遂行の基礎を確立する。

（b）軍統帥部の中にあって、敗戦を認めている分子或は現在の戦略に対して異見を持っている分子を利用する。

（c）最も詳細なしかも具体的な言葉をもって情勢が日本に取って絶望的であり、今後抵抗を続行しても無駄であることを説明する。

（d）日本側がその弱点を認めたり、救済方法のないことを告白したりしている点はあくまでこれを利用する。

（e）日本海軍の損失および島国帝国に対するその損失の意義を利用する。と同時に日本の陸空軍の劣勢をも活用する。

（f）略

（g）ドイツの崩壊によって現在日本本土を攻撃している大部隊には大増援部隊が加わることを強調する。

（h）略

（i）戦争をめぐるソ連の立場を判断できない日本の立場、殊に日本の参戦直前時の驚くべき事態を強調利用する。

（j）略

（k）本土防衛のため敵がその行動を誇大に宣伝している所から見ても明らかに判別出来る日本側の恐怖観念を利用する（これはノルマンディー上陸作戦前にドイツの陸海軍指導者が豪語したところと同一である）。

（l）無条件降伏とはアメリカ議会でルーズヴェルト大統領がその概略を説明した通り、現在要塞に立てこもっている破壊的な軍隊を一掃するため完全に停戦を履行し武器を置くこと以外を意味するものではないことを闡明《せんめい》する。〔後略〕

（m）ドイツにおけるナチスの指導者がいかに絶望的であったのと対照に、日本人にはその絶望以外の道があることを強調、その点をも利用する。

その他。

すべての心理作戦はこの主要計画の効力を削減せしめないようにするため、時及び情勢すべての点に関して相互に調整される。

公式スポークスマンは一回十五分以内で週に三回放送を行い、各放送は少なくとも二回繰返す。放送を最大限に明瞭かつ有効的とするため、及び放送内容の権威を高めるため、英語の放送の後には必ず日本語の放送を行う。

本計画は、直ちにフォレスタル長官の承認を得、引き続いて艦隊司令官キング提督の承認を得た。さらに、陸軍省の承認を得て草案はエルマー・デイビスＯＷＩ（戦時情報局）局長に渡され、彼を通じてハイドパークで休養中であったローズベルト大統領の下に回付された[26]。

一方、日本側では、四月七日、小磯國昭内閣が総辞職し、元侍従長で天皇の親任の厚い鈴木貫太郎海軍大将が首相に就任した。ザカライアスは、すでに一九四四年十二月に某中立国の首都において諜報将校からこの情報を得ていて、さらに「わが方が提示した無条件降伏の条件が修正されて皇位が存続させることが出来るようになれば、鈴木大将は、日本の降伏を実行し、さらに与えられた降伏条件の実地履行を保証すべき皇族に首相の座をゆずるべく辞職することになるであろう」ということ、しかも皇族とは東久邇であることまで知っていた。[27]

四月十二日、ローズベルト大統領が急死、トルーマン副大統領が第三十三代合衆国大統領に就任した。作戦計画1－45では、宣伝目的(c)で「無条件降伏」"Unconditional Surrender"の意味を説明することになっていたが、OWIでは、大統領の声明なしで、放送を開始しようという声さえあった。しかしザカライアスは、もしこの放送に権威を与える第一弾がなければ、この計画すべての成否が危くされるであろうと主張して譲らなかった。[28]

ヨーロッパ戦線では、四月三十日ウィルヘルムストラッセ（ベルリン）の総統官邸において、ヒトラー総統がピストルで自殺した。五月七日、ランスのアイゼンハワーの司令部において、ドイツ代表ヨードル（Alfred Jodl）独陸軍上級大将、国防軍最高司令官幕僚長とフリートベルグ（Hans G. V. Friedeburg）独海軍上級大将、海軍総司令官とが無条件降伏の文書に署名した。

三　ザカライアスの対日放送の影響とその効果

ザカライアスの対日放送は、日本語および英語で、一九四五年五月八日から八月四日にかけて、計十四回行われた。ザカライアスは、アナウンサーをつとめたデニス・マッケヴォイ海兵隊予備中尉に加えて、さきに草案を一緒に検討したポッソニーとファラゴのほかに三人の協力を得た。[29]

草稿の準備ができると、ザカライアスは、それを戦時情報局、国務省、および海軍諜報局内の治安係にそれぞれ回付した。これらすべての機関の承認を得て、内務省の秘密スタジオで草稿の録音をした。録音は飛行機により、あるいは無線でサンフランシスコに送られ、そこから日本に向け、短波にのせて放送された。ホノルルの放送局も、この放送を中途で受け、そこから改めて短波で日本に向け放送した。日本の政府機関はこの電波を傍受していた。さらに、サイパンの放送局もまたこれを受けて普通の受信機をもっている五百万人の日本人の耳に放送が届くように当時ラジオ・トウキョウ[30]が使用していた中波にのせて再放送を行った。[31]

放送内容のうち重要な部分は、特に印刷物にしルメー将軍（General Lemay）およびケニー将軍（General Kenney）の指揮の手によって広く日本全土に散布された。また西南太平洋地域ではザカライアスの旧友マッシュバー大佐（Colonel Mashbir）やボナー・フェラーズ准将の努力によってマッカーサー元帥の下で心理戦がますます能率をあげていたが、ここでもこの放送の内容が活用された。[32]

つぎに放送のおもな内容について見てみよう。

○第一回目（一九四五年五月八日）ドイツ**敗北直後**の**放送**

一九四五年五月八日（火）、まず、マッケヴォイが皮切りのアナウンスを行い、ザカライアスが続けて日本語の放送を十五分間行った。つぎに、英語の放送（録音による）を行った。

日本語および英語の放送で、ザカライアスはトルーマン大統領の声明をつぎのように伝えた。

ナチス・ドイツは敗北した。

日本国民はわが陸、空、海軍による攻撃の重圧を感じて来た。日本の指導者ならびに軍が戦争を続行する限り、わが方の攻撃ならびに爆撃は益々激化され、日本の工業生産力、船舶その他軍事活動を支えるすべてのものは完全に破壊されるに至るであろう。

戦争が長期にわたればわたる程、日本国民の受ける苦難は大きくなるであろう――しかもすべて無駄な苦しみを受けることになるのである。わが方の攻撃は日本の陸海軍が無条件降伏して武器をおかない限り止まることはないであろう。

軍隊の無条件降伏とは日本国民にとって何を意味するであろうか。

それは戦争の終結を意味する。

それは日本をして現在の災害の淵にまで導いて来た軍部指導者の勢力に終止符を打つことを意味する。

それはまた兵士、水兵が彼等の家庭、農地、仕事へ帰れることを意味する。

それはまた望みなき勝利を希いつつ日本人が耐え忍んでいる苦しみ、災害が終ることを意味する。

無条件降伏とは日本国民の絶滅あるいは奴隷化を意味するものではない。(33)

ザカライアスは、自著で、放送がもっともらしく聞えるようにするためには、「話が身近な個人的なものに聞こえるための所謂偶然的な出来事の情報」と「殊にその職歴などに関する詳細な情報」が必要であった。放送中使用する情報資料は前もってその効果を逐一計算しておかなくてはならなかった。まず大切なことは自分の方が万能であり、何でも情報はこちらの手に入っている以上、何も敵は隠すことができない点をはっきり示すことであったと述べている。[34] 第一回放送でザカライアスは自己紹介を行い、彼が一九二〇年語学将校として、はじめて日本に派遣されて以来、直接知遇を得ることになった、主として海軍軍人（米内、野村、鈴木）、外交官（来栖、出淵）などの名前を具体的な出来事とともにあげ、特に、一九三一年高松宮夫妻の訪米の際随員となったことを「高松宮・同妃殿下は、一九三一年二ヵ月間の訪米の際、私が随員となったときのことを憶えて居られるであろう」と述べた。

そしてこのことの反応は、すぐ表れた。放送の翌日、東京からのニュースは「高松宮が天皇の代理として伊勢皇大神宮に参詣することとなった」と伝えてきた。ザカライアスは「日本国内の情勢をよく知っているものにとってこの高松宮の使命が何を意味するかを認めることは容易であった」[35] と述べている。しかし、無条件降伏に関する日本側の本格的反応にはもう暫く時間が必要であった。

○第三回目（五月十九日）の放送[36]

五月十九日（土）、ザカライアスは、再び、トルーマン大統領の声明の全文を繰り返した。

「日本に国家としての未来を保証するコースは無条件降伏である。」

「無条件降伏とは、抵抗を中止し、武器の放棄を意味する軍事用語である。それは奴隷化ではない。日本国民の絶滅を意味してはいない。」

「彼ら（東條、小磯、島田、山下）の過去の戦争のスローガンは、勝利であった。しかしいまは、勝利か破滅か、である。彼らは、どうして二番目の考えを加えたのか？　それは彼らの現在の絶望から生まれたのだ。彼らは、日本が不可避的な敗北への途を辿っていることを世界に、はからずも告白しているのである。」

「しかし日本には、今日、事情をよく知っているほかの指導者がいる。彼らは、勝利か絶滅かのスローガンは、少数の日本の指導者の利己的利益に資するために造り出されたことを知っている。彼らは、如何なる意味でも、日本の利益に役立たないことを知っている。」

○第四回目（五月二十六日）の放送(37)

五月二十六日（土）、ザカライアスは、ドイツとの同盟という不運に日本を導いていった日本の政治指導者として、畑、杉山、寺内、最近米軍によって南ドイツに匿れていたところを発見された大島浩将軍（駐独大使）、広田弘毅、白鳥敏夫（駐伊大使）、東條、小磯を列挙した。さらに、オット（Eugen Ott）駐日ドイツ大使の息子がスパイ嫌疑で東京において逮捕されたことを明らかにした。

彼が対日放送を開始して十九日目に東京からの直接の回答がＦＢＩＳ（Foreign Broadcast Intelligence Service　外国放送諜報局）によって傍受された。[38]

四　日本側の反応とその成果

同盟通信社の井上勇[39]が部長をつとめる情報部では、毎日入手する外電を整理して、毎日平均二百五十ページの『英文海外特殊情報』を当局に配布し、重要なものを翻訳して新聞社と日本放送協会に配信した。[40]当時、外相秘書官であった加瀬俊一は、五月八日ドイツ降伏の翌日、ザカライアス海軍大佐の対日心理攻勢が開始され、「この謀略放送は外務省北米課が整理し、必要に応じて、私が迫水書記官長〔岡田元老の女婿〕に説明した[41]」と述べている。しかも加瀬によれば、彼らは天皇の弟宮である高松宮を通じてザカライアス放送の内容を昭和天皇に伝えたという。[42]

六月八日、天皇が出席した御前会議で「今後採ルヘキ戦争指導ノ大綱」として、「飽く迄戦争を完遂し、以て國體〔国体〕を護持し皇土を保衛」することが決定された。しかし、軍部が強引に策定した本土決戦の御前会議決定に反発して、木戸は時局収拾の試案を提示した。その要点は、陛下の親書を特使に託してモスクワに赴かせ、ソ連の仲介によって終戦をはかる構想だった。

『木戸幸一日記　下巻[43]』は、同構想についてつぎのように述べている。

一、敵側の所謂和平攻勢的の諸発表諸論文により之を見るに、我国の所謂軍閥打倒を以て其の主要目的となすは略確実なり。

一、従って軍部より和平を提唱し、政府之によりて策案を決定し交渉を開始するを正道なりと信ずるも、我国の現状より見て今日の段階に於ては殆ど不可能なるのみならず、此の機運の熟するを俟《ま》たんか、恐らくは時機を失し、遂に独乙の運命と同一轍を踏み、皇室の御安泰、国体の護持てふ至上の目的すら達し得ざる悲境に落つることを保障し得ざるべし。

一、依って従来の例より見れば、極めて異例にして且つ誠に畏れ多きことにて恐懼《きょうく》の至りなれども、下万民の為め、天皇陛下の御勇断を御願ひ申上げ、左の方針により戦局の拾収に邁進するの外なしと信ず。

一、天皇陛下の御親書を奉じて仲介国と交渉す。対手国《たいしゅこく》たる米英と直接交渉を開始し得れば之も一策ならんも、交渉上のゆとりを取るために、寧ろ今日中立関係にある蘇聯〔ソ連〕をして仲介の労をとらしむるを妥当とすべきか。

最初の一行で五月八日のトルーマン大統領の声明、五月八日のザカライアスの対日放送のメッセージが、確実に日本側に届いていたことがわかる。このあと、十八日の最高戦争指導会議でソ連を介して和平工作に乗り出すことが決定した。このようにザカライアスの対日放送のメッセージは、天皇が和平に踏み出すきっかけをあたえる大きな意義があった。

一方、同盟通信社の井上勇と日本放送協会海外局編成部長大屋久壽雄とは、毎朝、井上が主宰する情報局第三部の海外宣伝に関する連絡会議に出席していたが、「よし、ザカライアスを利用して、アメリカの本当のはらを探ってやろうじゃないか。井上きさまやれ。放送局はおれがひきうける。情報局は、稲垣（一吉）がなんとかするだろう」[44]と大屋が言った。

こうして井上勇の第一回対米放送は、五月二十七日[45]に発信された。ザカライアスは、これについて、「日本は平和交渉に應ずる用意があるが、但し無條件降伏という方式には或る種の修正を加えることを條件とする」とその回答にはあった。そして日本人の考えている修正については何等明確なものを提示しないで、井上が結論としてのべていることは「われわれは世界の平和と人類の福祉のために貢献する国際機関を建設するために相提携して行き度いと思う」ということであったと、述べている[46]。

そして、ザカライアスは「私の第四回目の放送に對するこの回答はその時までに日本が示したアメリカの全面的平和政策に對する承認を物語るとともに、日本側がその平和政策にすがり着くか或はそれから最も大きな恩恵を受けようという気持になっていることを示していた[47]」と述べている。

井上は、六月二日に日本語でつぎのように述べ、ザカライアスに無条件降伏の内容の明確化を求めた。

日本はトルーマン大統領が日本に対して行った声明に沿い、若干の変更を加えて米国に無条件降伏の条件〔タームス〕を提示出来る。日本が米国に要求する無条件降伏とは、アメリカ人を好戦的な帝国主義者の支配から解放し、アメリカ兵を太平洋の血腥《なまぐさ》い戦闘から、彼らの家庭と仕事、愛する者達のもとへ帰らせることである。そして我々は、世界平和と人類の利益のために邁進する国際機構を構築するために、互いに手を結びたいのだ。これらの日本からの発言に対して、ザカライアス氏がどう考えるのか、私は知りたいのだ。(48)

これは、トルーマン声明とザカライアス放送の文言を逆用した問いかけであり、ここに電波を通じた日米の「対話」が成立した。(49)

鈴木首相は、ソ連からの回答がないままに第八十七臨時議会（九日から十二日まで）を招集して全戦局の討議を行った。ザカライアスらは、この日本の動きが重大な意味をもっていることを認め、鈴木首相がアメリカ側の降伏条件を受諾すると言えない理由は、満州や朝鮮の保有というような物質的な問題ではなくて、天皇の将来の地位についてまだ一抹の不安があることが明らかであったとし、鈴木首相が、「敵は日本が無条件降伏すべきであるとの要求を出しているという。無条件降伏の意味するところは唯國體の破壊と国民の滅亡ということである。かような暴言に対処する道は唯一つ――最後まで戦い抜く以外にはあり得ないのである」と言ったことを根拠としてあげている。(50)

これに対して、七月七日（土）の第十回目の放送でザカライアスは「日本は直ちに行くべき道を決定しなくてはならない。その理由は鈴木提督にも十分わかっているはずである。すでに諸君に述べた通り、時間は日本のために残されていない。諸君は行動をしかも早急に行動を起こさなくてはならない。明日になれば遅過ぎるかもしれないのである」[51]と述べるとともに、鈴木首相に対する匿名の手紙をアメリカの有力な新聞に送り、できるかぎり彼の目につくようにすることに決め、無条件降伏についての記事を『ワシントン・ポスト紙』(一九四五年七月二十一日付)に掲載することにした。[52]

この「匿名の手紙」は、「われわれ〔アメリカ〕の主張する無条件降伏」とは簡単につぎのように言うことができるとして、大西洋憲章、カイロ宣言、一九四四年年頭の蒋介石總統宣言、一九四五年五月八日のトルーマン大統領宣言および戦争犯罪に関するジャクソン判事の宣言の五つの文書をあげた。特に、大西洋憲章・カイロ宣言についてはつぎのように注意を喚起するものだった。

> 大西洋憲章・カイロ宣言は、領土拡大を求めていないこと、大西洋憲章は、さらに勝者ならびに敗者に確乎たる利益を保証している。(The Atlantic Charter and the Cairo Declaration clearly state that we seek no territorial aggrandizement, the Atlantic Charter, moreover, assures certain definite benefits to victors and vanquished alike.)

そのうえで、「匿名の手紙」は、「もし日本側が果して無條件降伏は以上五つの文書に挙げられている条件以上のものを意味するかどうかを知りたいと希望するならば、正常な外交筋を通じて交渉を行うことは日本側の自由である。外交筋を通じて行う交渉の秘密は保持され、日本側の不利な情勢が一般に漏れる危険はない。すでにわれわれが日本の敗北を認めているということは周知の事実である。〔中略〕鈴木大将が議会において述べた通りもし日本の主たる関心が降伏後の天皇の地位をも含む日本の将来の国体にあるとするならば、日本側がそれを知る道は率直にそれを尋ねることである。〔後略〕」と述べていた。

ザカライアスの対日放送と『ワシントン・ポスト』紙への匿名記事は、東郷茂徳外相に大きな影響を及ぼしたことが知られている。一九四五（昭和二十）年七月二十五日佐藤大使宛下記の緊急電[53]のなかで、東郷外相は、つぎのように述べている。

〔前略〕十九日「ザカリアス」海軍大佐（戦時情報局員なるも米政府「スポークスマン」として対日放送を行ふ）は日本は二個の選択を有する処その一は破滅の後「ディクテイテッド・ピース〔命令せられたる平和〕」を甘受することにして他は無条件を行ひて大西洋憲章の規定する恩恵〔ベネフィット〕に浴することなりとの趣旨を述べたるがこれ等は単純なる謀略的宣伝とのみ観るは当らざるべく或程度我が方を誘導せむとするものと認めらる特に米側が大西洋憲章に言及せるはこの際頗る注目に値すべく当方としても無条件降伏は如何なる場合にも受諾不可能なるも大西洋憲章の基礎における平和回復には異存なき所なる旨を適当なる方法をもって先方に通じ度き意向なり。〔後略〕

このように、ザカライアスの記事の「敗者の恩恵」についての説明のおかげで、大日本帝国政府のトップは、最終的に天皇制存続条項の明示のない厳しい内容のポツダム宣言を冷静に受けとめることができたのである。

戦後、天皇の側近で天皇と密接な関係をもっていた数人の高官に対して、戦後徹底的な訊問が行われた。このとき外務省の一高官は、「〔前略〕ザカライアスはもし日本が無条件降伏すれば、大西洋憲章の恩恵を受けられることを約束した。〔中略〕ザカライアスが行った無条件降伏の説明によって日本人は自分たちにも道が開かれていると思うようになったのであった」[54]と語っている。

またザカライアスは、高松宮の意見に関連して、対日放送のメンバーの一人であったマッケヴォイ氏（戦後リーダーズ・ダイジェストの日本語版を出すために東京に滞在中）からつぎのような一九四六年八月二十九日付の手紙を受領したことを著書に引いている。

東京を發つ直前私は高松宮殿下及び妃殿下と晩餐を共にしました。殿下のことは貴下も放送の中で觸れられたことがありよく御承知のことと思います。この宴の席上、殿下はザカライアス大佐の放送によって、「和平派」は最後まで戦争を続行しようとしていた日本政府部内の主戦派に対抗するに必要な弾薬を与えられたようなものであったといわれ、また殿下御自身も敵の上陸に備えた日本の要塞を視察された経験から見て、もし最後まで戦争を続ければ、それは悲惨な結果となったに違いないともいっておられました。殿下のこの言葉は、貴下が対日放送を開始される前に下された情勢判断を正に裏書きするものであると考えます[55]〔後略〕。

一九四五年八月十五日の翌日から、ザカライアスは将来の平和を確実にするための日本人の精神的再教育をはじめるため広汎な計画を立てはじめた[56]。そしてフォレスタル長官宛に、一、日本人にポツダム宣言の条件を守らせるようにする、二、日本人の精神を再教育し民主主義的思想ならびに理想を日本人の間に浸透させることにより、日本人の態度や感情が平和を愛好しまた責任ある政府を国民の自由意志の表現として選出し維持するようにするというメモを提出した[57]。この「対日計画」においてザカライアスが提案したことの多くがマッカーサー元帥の手によって成就された。「軍隊による占領は力によって完全に社会を変え得るものではない」とジェフリー・ゴーラーが書いている通りである[58]」。

五　アメリカのホワイト・プロパガンダ

無条件降伏の意味を日本側に理解させようとしたザカライアスの対日放送は、放送開始以来、十九日目に日本側の応答を得ることに成功した。井上勇は日本側の公式のスポークスマンではなかったが、同僚を通じて外務省高官の了解を得ていたから軍部の統制の厳しい当時電波を送ることができた。その結果、木戸内大臣の発案によって、次善の策ではあったが、天皇が対ソ交渉に踏み出すきっかけとなった。

もう一つのチャネルは、鈴木貫太郎首相が無条件降伏を受諾できない本当の理由は、「国體」であることに気づいたザカライアスの一九四五年七月二十一日付の『ワシントンポスト紙』宛の匿名の投書によって、カイロ宣言の「敗者の恩恵」について東郷茂徳外相に理解を得さしめたことによってポツダム宣言を受諾させることができたのである。

アメリカは、ザカライアス放送と、『ワシントンポスト紙』への匿名の投書によって、ポツダム宣言は、大西洋憲章が日本に適用されることを規定していたことが明確となったため、日本にポツダム宣言を受諾させることができ、本土上陸作戦を回避することができた。大きなメリットであった。日本にとっても、高松宮がマッケボイに語ったように、もし最後まで戦争を続ければ、悲惨な結果となったに違いないから、これを回避することはメリットであった。

ザカライアスと作戦計画1－45（機密一九四五年三月十九日）を立案したステファン・ポッソニーは、戦後国防総省コンサルタントとして、アイゼンハウアー米大統領の「アトムズ・フォー・ピース」の演説[59]（国連総会、一九五三年十二月八日）に貢献していた。アイゼンハウアーは、「核による軍備増強の流れを逆に向かわせられれば、もっとも破壊的な力が、人類に恩恵をもたらすようになる。平和利用は夢ではない」と述べたのであるが、ポッソニーが一九五二年十月に纏めた報告書では、「原子力が平和と繁栄をもたらす建設的な目的に使われれば、原子爆弾も受け入れられやすくなるだろう[60]」との助言が記されていたのである。

そして、日本は、「アトムズ・フォー・ピース」の平和攻勢を受け入れ、原子力発電の方向に舵を切った[61]。こうみてくると、アメリカの対日・対世界の「ホワイト・プロパガンダ」は、戦後から現在までわが国に大きな影響を及ぼしてきた、といわざるを得ないのである。

□注

（1）"Admiral Ellis Zacharias Dies: Psychological Warfare Expert Broadcast to Japan in 1945 urging Surrender-Called Atom Bomb Use Unecessary (sic)" *The New York Times*, June 29, 1961.

（2）Ellis M. Zacharias, *Secret Missions: The Story of an Intelligence Officer*, Naval Institute Press, Maryland: 2003, p.127. ザカリアス、土居通夫訳、『密使』改造社、一九五一年。本訳書は原書の全訳ではない。

（3）*Ibid.*, p.320. 前掲訳書、三〇一頁。

（4）http://en.wikipedia.org/wiki/Ellis_M._Zacharias（最終閲覧日二〇一九年十一月五日）

（5）Ellis M. Zacharias, *Ibid.*, , p.321. 前掲訳書、三〇三頁。ザカライアスに関しては以下を参照。Admiral Ellis Zacharias Dies; Psychological Warfare Expert Broad Cast to Japan in 1945 Urging Surrender – Called Atom Bomb Unnecessary (sic) *The New York Times*, June 29, 1961.

（6）*Ibid.*, p.322. 前掲訳書、三〇四頁。

（7）*Ibid.*, p.321. 前掲訳書、三〇三頁。『朝日新聞』の『聞蔵《きくぞう》』（一八七九―）で検索したが、一九四三年十二月末の天皇の勅語はなかった。

（8）*Ibid.*, p.322. 前掲訳書、三〇五頁。

（9） *Ibid*., p.323. 前掲訳書、三〇五頁。

（10） *Ibid*., p.326. 前掲訳書、三〇九頁。

（11） *Ibid*., p.326. 前掲訳書、三一〇頁。

（12） *Ibid*., p.326. 前掲訳書、三一〇頁。

（13） *Ibid*., p.327. 前掲訳書、三一一頁。

（14） *Ibid*., pp. 327, 328. 前掲訳書、三一二頁。

（15） *Ibid*., p.328. 前掲訳書、三一三、三一四頁。

（16） *Ibid*., p.331. 前掲訳書、三一六頁。

（17） *Ibid*., p.331. 前掲訳書、三一六、三一七頁。

（18） *Ibid*., p.336–p.340. 前掲訳書、三三四—三三九頁。ザカライアスの「日本占領実施に関する戦略的計画」（機密）に関して、コメントを求められたラインバーガー博士は、「この計画は、素晴しい」と賞賛し、「方針３．および方針４．特に方針４．の最初のパラグラフは、日本に関するアメリカの議論で見落され勝ちな基本的な真理を指摘している」と述べている。Propaganda Branch Comment on Navy Plans, 22 March 1945. ラインバーガー文書（５）、pp.14,15.

（19） *Ibid*., p.341. 前掲訳書、三三〇頁

（20） *Foreign Relations of the United States: The Conferences at Malta and Yalta* (Washington, D. C. 1955) p. 975. Robert E. Sherwood, Roosevelt and Hopkins Vol. 2 (Bantam Books) p.521. ロバート・シャーウッド『ルーズヴェルトとホプキンズ Ⅱ』みすず書房、一九五七年、四一九頁。Robert Dallek, Franklin D. Roosevelt and America Foreign Policy 1932 – 1945 (NY: Oxford University Press, 1979) pp. 520 – 521.

（21） *Ibid*., p.341. 前掲訳書、三三一頁。

（22）　ハンガリー系アメリカ人。作家・歴史研究家。ノックス海軍長官の顧問。第二次大戦中の四年間、米海軍情報局で「調査と計画」の主任をつとめる。著書に Ladislas Farago, *The Broken Seal* (Random House, 1967)、邦訳『盗まれた暗号』（原書房、一九六七年）などがある。

（23）　心理戦の専門家で、ニュージャージー州プリンストンの高等研究所から海軍に入ってきた軍事科学者。陸海軍戦略の分野で、数年16－Wのドイツ活動を担当した経験をもち、二五〇回以上にわたってノルデン放送を行っていた（*Ibid*., pp.352, 353. 前掲訳書、三四七頁）。

（24）　*Ibid*., pp. 341–345. 前掲訳書、三三一—三三七頁。

（25）　*Ibid*., pp. 341, 342. 前掲訳書、三三一頁。

（26）　*Ibid*., p.346. 前掲訳書、三三八頁。

（27）　*Ibid*., p.335. 前掲訳書、三二二頁。

（28）　*Ibid*., p.347. 前掲訳書、三三九、三四〇頁。

（29）　三人とは、社会学者として有名な「國體」の著者で、日本に数年滞在したことがあり、日本語も流暢なジョン・パウル・リード（John Paul Reed）少佐。有名なアメリカ人を父として、日本人を母として日本で生まれ、将軍時代から日本に残い、最も高い地位の貴族出身の家柄で、日本語をはじめ十三ヵ国語を流暢に喋り、言語に関してザカライアスの助言者であり、心理的観点からも得難い助言を与えてくれたフランシス・ロイヤル・イーストレイク（Francis Royal Eastlake）。そして、ザカライアスがなおこの人の名前を発表することが出来ないという日本人であった（*Ibid*., pp. 351, 352. 前掲訳書、三四五、三四六頁）。

（30）　*Ibid*., p.351. 前掲訳書では東京放送局となっているが、原文では Radio Tokyo である。日本放送協会の海外向けラジオ放送（ラジオ・トウキョウ）である。しかし、同盟通信社の海外送信もあり、第二次大戦前から戦中を通して、海外へ向けての情報発信を担当する二大メディアとして、双子のような性格をもっていた。連合国では、この二つを「トウキョウ・ラジオ」「ラジオ・トウキョウ」と記録していて、ときには「トウキョウ・ラジオ」がどちらを指すのか判断に苦しむことがある（北山節郎『ピース・トーク　日米電波戦争』ゆまに書房、一九九六年、二七頁）。

(31) *Ibid.*, p.351. 前掲訳書、三四五頁。

(32) *Ibid.*, p.351. 前掲訳書、三四五頁。

(33) *Ibid.*, pp. 399–401. *Appendix* Fourteen Broadcasts to Japan Number One Release 8 May 1945. すべての放送で、英文が公式であり、和文は非公式の翻訳であることをご注意願いたい、と記されている。なお、『密使』にはAppendixの翻訳はない。

(34) *Ibid.*, p.355. 前掲訳書、三五〇頁。

(35) *Ibid.*, p.356. 前掲訳書、三五二頁。

(36) *Appendix* Number Three Release 19 May 1945, *ibid.*, pp. 403, 404.

(37) *Appendix* Number Four Release 26 May 1945, *Ibid.*, pp. 405, 406.

(38) *Ibid.*, p.357. アメリカでは、軍と連邦通信委員会（Federal Communications, FCC）が、日本側放送を傍受していた。海軍では、ラジオ諜報局（Navy Radio Intelligence）が外国放送の傍受を行い、陸軍では、通信部隊（Signal Corp）が外国無線を傍受していた。陸海軍とも日本の外交電報の解説を行った。

同盟通信社の送信と、日本本土・満州・台湾・朝鮮や日本が占領した中国・東南アジアからの放送の傍受を行ったのが、ＦＣＣ内のＦＢＩＳであった（北山、前掲書、三三―三五頁）。

(39) 井上勇は、一九二四年東京外国語学校（現東京外国語大学）の仏語部を卒業、東京帝国大学文学

部仏文科（選科）に入ったが中退した。その後、報知新聞に入り、甲府などへ赴任したが、一九二九年には退社、サンフランシスコの邦字新聞社記者となった。その後、『加州毎日新聞』（創刊）編集長などを経て、一九三四年帰国すると、外務省を経て新聞聯合通信社（のち同盟通信社）に入社した。同盟通信社では、パリ支局長となったが、日米開戦直前の一九四一年十月、サイゴン支局情報主任となり、四二年三月昭南《しょうなん》（シンガポール）支局長となり、昭南新聞会理事として『昭南新聞』などの発行に携わった。一九四五年はじめに帰国すると、海外局情報部長、つづいて次長兼情報部長となった（北山、前掲書、一六―一八頁）。

(40) 北山、前掲書、一八、一九頁。

(41) 加瀬俊一『日本外交を叱る』（TBSブリタニカ、一九九七年）、一三八、一三九頁。加瀬俊一は、東京生まれ。東京商大（現一橋大）二年のとき、外交官試験に合格。東京商大中退。外務省研究員として、アメリカへ留学。アマースト大学、およびハーバード大学大学院修士号（文学）取得、全Aの成績で卒業。大臣秘書官、英帝国課長、北米課長、情報部部長（局長）、初代国連大使、初代ユーゴ大使、外務省顧問、首相特使等を歴任。戦前、戦後の激動期を日本の外交の最前線で活躍。二〇〇四年五月二十一日永眠。一〇一歳。

(42) NHK国際放送ラジオ・ジャパン『終戦の条件を探れ』一九九一年八月十五日放送。ただし、「高松宮を通じて」の部分は放送されなかった（北山、前掲書、七〇頁）。

(43) 一九四五年六月八日（一二〇九頁）。

(44) 北山、前掲書、一九頁。稲垣は、一九三四年東京帝国大学法学部政治学科卒業。高等試験外交科試験合格、外務書記生としてアメリカ在勤、開戦直前サンフランシスコ領事。一九四一年十一月三等書記官としてメキシコに赴任できず、ほかの外交官とともに抑留。井口貞夫駐米大使館参事官とめぐりあい日米交換船で四二年夏帰国。一九四三年七月、情報局情報官として第三部対外報道課勤務、そのときの部長が井口であった（北山、前掲書、二〇頁）。稲垣は、この放送について井口第三部長の諒解をとったとされ、このことは井口が武藤義雄サンフランシスコ総領事（一九四三年八月二十八日、日本放送協会国際局長、四四年七月二十二日、海外局長）にも連絡、情報局・放送協会の首脳の支持があったと考えられ、軍に知られずに対ザカライアス放送が実現したのであろう（北山、前掲書、二二頁）。

（45）『放送五十年史　資料編』の年表では、この日「放送会館から非公式に日米戦終結に関するアメリカ向け海外放送（情報局・同盟通信社・放送協会）。七月末まで九回にわたり終戦の条件等について『ザカライアス放送』と電波により交渉」とある。

（46）*Ibid.*, p.358. 前掲訳書、三五五頁。

（47）*Ibid.*, p.358. 前掲訳書、三五六頁。

（48）北山、前掲書、七三、七四頁。

（49）北山、前掲書、七四頁。

（50）*Ibid.*, p.369. 前掲訳書、三七一頁。

（51）*Appendix Number Ten* Release 7 July 1945 Appendix 417.

（52）ザカライアスは、匿名記事の一部を引用し、「グルー氏の聲明の意味ならびに目的は、以上に述べた所にあったと解釈出来る。従ってこの意味でそれは全アメリカ国民の賛意を得ているものと考えて差支えない」と書いているのが重要である。*Ibid.*, pp.370, 371. 前掲訳書、三七二―三七四頁。"The Washington Post" (July 21, 1945, Saturday) 所載の匿名記事で Surrender Debate A Communication と題し、執筆者は A Constant Reader, Washington

July 17, となっている。ザカライアスが著書で述べているのは匿名記事の内容のうちの一部である。

（53）　一九四五（昭和二十）年七月二十五日十九時〇〇分　東郷大臣発在「ソ」佐藤大使第九四四号（緊急、館長符号）外務省編『終戦史録　Ⅲ』北洋社、一九七七年、一八五、一八六頁。

（54）*Ibid*., p.374. 前掲訳書、三九八頁。

（55）*Ibid*., p.375. 前掲訳書、三七九頁。

（56）*Ibid*., p.388. 前掲訳書、三九七頁。

（57）*Ibid*., p.393. 前掲訳書、四〇三頁。

（58）*Ibid*., p.395. 前掲訳書、四〇五頁。

（59）Dwight D. Eisenhower, "Atoms for Peace" (December 8, 1953), Public Papers of the President.

（60）「日米同盟と原発」第三回「被ばくの記憶　原子力の夢」1952-54『東京新聞』二〇一二年十一月七日付。

（61）　詳細については、加藤哲郎早稲田大学客員教授「原発導入と中曽根康弘の役割 1954-56 ――米軍監視記録 Nakasone File から」（二〇一二年九月二十九日、早稲田大学20世紀メディア研究所第70回研究会ＮＰＯ法人インテリジェンス研究所創立記念講演会）。

おわりに

本書では、「日本計画」（JAPAN PLAN）が、「象徴天皇制の下における民主主義」を「宣伝目的」（Propaganda Objectives）として掲げたことを課題として設定した。これは、「日本計画」の立案にかかわったラインバーガー博士（政治学）が、心理戦争では、敵を限定することが必要で、対日戦争では、「軍国主義」および「ファシスト達」を第一の敵とし、「和平の相手となるべき天皇と国民とは埒外に置いた」と述べた、彼の『心理戦争』（"Psychological Warfare" 1948）の理論にもとづくものであった。そして、この「日本計画」におけるグルー元駐日米大使の役割に注目して論じてきた。すなわち、デイビスＯＷＩ（戦時情報局）長官の指示により、グルーは対日戦・戦意高揚のための全国講演旅行を実施するに際して、「一九四二年六月三日付　日本計画（最終案）」のコピーを与えられ、ラインバーガーがゴースト・ライターとして参加して、講演旅行が実施されたのである。以下、結論にかえて、各部の議論を要約する。

第Ⅰ部「「日本計画」とラインバーガー」に描いた「一九四二年六月三日付　日本計画（最終案）」は、アメリカ人の立場からの国益にもとづいた冷静な天皇制利用論であった。そこでは、天皇制と天皇個人とは、はっきり分けて考えている。また、明治天皇が立憲君主であったとは考えていないから、擬似立憲主義という表現を用いているが、彼の拡張主義ではなく、彼の親英的な政策を強調すべきであるとしている。昭和天皇は、平和愛好家である事例を述べているが、昭和天皇の無能力もよく知っている。昭和天皇は、軍事指導者の犠牲であり日本のひとびとは軍事指導者にだまされていると指摘しているが、もっとも重要なことは、「象徴天皇制における民主主義」が、宣伝目的に掲げられていたことである。

つぎに、なんといっても重要なのは、グルー元駐日大使が帰国後、デイビスOWI長官の指示で、対日戦・戦意高揚の全国講演旅行を行ったとき、このような内容をもつ「日本計画（最終案）」のコピーを与えられ、ラインバーガー博士が講演原稿のゴースト・ライターをつとめたことであった。第Ⅱ部「対日宣伝戦とグルー」のグルー国務省顧問は、デイビス長官の指示によって、対日戦・戦意高揚のための全国講演旅行を、一九四二年九月後半から四三年六月まで行った。この間、OWI海外作戦計画情報委員会上級地域（極東）専門家に任命されていたラインバーガー博士が、グルーの演説草稿作成を手伝うことになった。

一九四二年十月十一日、両者の演説原稿用意のための打合わせでグルーとラインバーガーの両者が同意した重要なことは、「遠回しであっても、できれば、天皇（the Throne）に言及しない」ことであった。その後の講演旅行で、グルーは、敵としての日本の恐るべき国民性の危険さを、アメリカ国民に気付かせるために、ニュース・バリューのあるトピックスについて講演を行った。大戦勃発一周年を記念して一九四二年十二月七日、演説の一部を出版した“Report from Tokyo – A Message to the American People"（『東京報告』）は、ベストセラーとなった。

一九四三年一月―一九四四年十二月三十一日、『ニューヨーク・タイムズ』紙で報道されたグルーの対日戦に関する諸見解を見ても、グルーは、一貫して日本の軍部・軍国主義を攻撃する一方、日本人に対しては、打ち破るのは難しいが、「本当の平和」を築くのは容易であると言い、その理由として「日本人はお互いに礼儀正しく協調的で、何か言われると、恐ろしいほど気遣いを示す」ことをあげ、「われわれが、いま日本を束縛している、ほら吹きや名門から、かれらを解放してやれば、本当の平和を築くのは、もっとも容易なひとびとになる」と述べている（ケンタッキー大学卒業式、一九四三年六月四日）のが注目される。

ラインバーガーは、一九四三年六月三十日、中国・ビルマ・インド戦域に移った。その後、グルーは、シカゴ演説（一九四三年十二月二十九日）で、「軍国主義が滅びたとき、神道が再建後の日本において資産となることはあっても、負債となるはずはありません」と述べ、大きな反発を呼びおこし、ハル国務長官から全米講演旅行の中止を命ぜられた。

その後、グルーは、一九四四年五月一日、ホーンベックに代わって国務省極東局長に就任、自分が抱いてきた対日戦後政策を実現しうる立場に立った。グルーは、ひそかに自分の日記から編集した"Ten Years in Japan"（『滞日十年』）の出版のタイミングをはかっていた。この本は、前著と違って、日本には平和分子がいることを知らせようとしたのであるが、出版と同時にベストセラーになった。

グルーは、ステティニアス国務長官に推されて国務次官に就任することになった。上院外交委員会聴聞会（一九四四年十二月十二日）では、天皇「女王蜂」論を展開し問題となったが、切り抜け、十二月一九日正式に国務次官となった。次官就任後は、スティムソン陸軍長官、フォレスタル海軍長官とともに三人委員会のメンバーとして、天皇制存置の努力を進めることになった。

グルーがドゥーマンの協力を得て作成した草案は、一九四五年五月二十九日、ある軍事的な理由〔原爆〕から適当ではないことになり、六月十八日ホワイトハウスで開催された最高首脳会議（国務省代表なし）では、Casualties（戦闘犠牲者）を考慮して原子爆弾の使用に傾いていった。

ポツダム宣言（一九四五年七月二十六日）では、トルーマン大統領と親しいバーンズ新国務長官（七月三日）の意見が有力となり、グルー、スティムソンが求めた天皇条項は削除された。

第Ⅲ部「対日心理戦とザカライアス」のザカライアス米海軍大佐は、一九二〇年、日本駐在語学将校として赴任以来、三十四年間主として諜報活動に従事、得意の日本語を駆使して、ドイツがアメリカに降伏した翌日一九四五年五月八日から八月十四日まで十四回にわたって対日放送を日本語・英語で実施、日本に無条件降伏を受諾させ、甚大な犠牲が予想された日本本土上陸作戦を回避しようとした。

「最後の瞬間には天皇こそが一切を決定する力を持つ人間であるとの考えにもとづいて自分の計画見通しを立てていた」ザカライアスは、鈴木貫太郎首相がポツダム宣言を受諾できない理由は天皇の将来の地位についての一抹の不安であることを察知すると、鈴木首相に対する匿名の手紙を『ワシントン・ポスト』紙（一九四五年七月二十一日付）に送り、無条件降伏についての記事を掲載させた。ザカライアス放送と『ワシントン・ポスト』紙への匿名の手紙を読んだ東郷茂徳外相が、大西洋憲章の規定する「恩恵（ベネフィット）」に気づき、大日本帝国政府のトップは、最終的に、天皇制存続条項の明示のない厳しい内容のポツダム宣言を冷静に受け止めることができたのである。この匿名の手紙については、グルーとの緊密な協力によって書かれ、掲載されたことが、ザカライアスの回想記に記されている通りである。

天皇と国民とを埒外に置き、軍部を攻撃する、というラインバーガー博士の『心理戦争』の理論にもとづき、象徴天皇制の下での民主主義を「宣伝目的」にかかげていた「一九四二年六月三日付日本計画（最終案）」は、アメリカにとって成功であった、と考えられる。

「日本計画（最終案）」は、統合参謀本部によって承認されることはなかったが、ソルバート大佐は、「日本計画（最終案）」と時事的なニュースにもとづいた“JAPAN DIRECTIVE”（日本向け指令）を、一九四二年八月二十六日発行した。ＯＷＩによって、それ以降、大半は、“JAPAN REGIONAL GUIDANCE”（日本・地方向け指導方針）として発行された。また、デイビスＯＷＩ長官は、四二年十二月九日、新聞記者の質問に答え、「天皇は国民から神と見なされていますから、天皇個人に対するいかなる攻撃も、必ずや感情を多分に刺激するし、正当なものとは受け取られないでしょう。問題は軍部勢力なのです」と答えている。ラインバーガーも、グルーも、ザカライアスも、デイビス長官の指示の下で、対日宣伝活動を行った。このようにして、「日本計画（最終案）」の内容は、広く知られるようになったと考えられ、さらに、戦後の対日占領政策における天皇制存置に影響を与えたと考えられるのである。

戦後、日本国の効率的な統治の必要上、戦争責任を免責されて、象徴天皇となった天皇裕仁の下で、軍国主義者の独占が転覆され、通商と旅行が自由になり、普通の日本人が自由で正直な生活を送ることができるようになった。

現に、わが国は、一九四五年八月十四日、ようやく「ポツダム宣言」を受諾、サンフランシスコで開催された対日講和会議（九月四日―九月八日、五十二ヵ国参加）で、一九五一年九月八日対日平和条約・日米安全保障条約が調印された。米ソ冷戦下、アメリカとのパートナーシップにより国の安全を確保することを決めたのである。日本は、サンフランシスコ平和条約の第十一条で極東国際軍事裁判の判決を受け入れることによって、戦争責任を認めたとする見解がある。日米安全保障条約は、吉田茂首相が、ただ一人、日本国の代表として署名した。

一九五二年八月十三日、国際通貨基金（ＩＭＦ）世界銀行（ＩＢＲＤ）に加盟し、アメリカ主導のブレトン・ウッズ体制下、アメリカの庇護の下で、ひたすら経済復興・発展の途をたどり、一九六八年には、自由世界第二の経済大国となった。

戦後日本において、アメリカが存置した天皇制は国民の多くから支持されてきた。戦争直後一九四六年の世論調査では、天皇制支持八六％、不支持一一％であった（ＮＨＫ放送世論調査所編『図説戦後世論史』日本放送出版協会、一九七五年）が、一九六五年には、天皇制支持八三％、不支持一三％

であり、最高は、一九四八年の支持九〇%であり、最低でも、一九五七年二月の支持八一%であった（同掲書）。

しかし、大日本帝国憲法下、天皇裕仁は、常に平和愛好的ではなく、しばしば侵略主義的であった。それはまさに、海外在住日本研究者十七人の声明（一九八九年一月七日）にいう「事後の共犯」であった。特に、一九三一年九月十八日柳条湖事件では、翌三二年一月八日、満州事変の先兵となった関東軍を勅語で称揚した。一方、スティムソン米国務長官は、一月七日、日本軍の満州での行動に対し、不承認と声明を発表（「スティムソン・ドクトリン」）した。しかし、天皇裕仁も、柳条湖事件を発端にした満州事変の謀略の主導者も、極東国際軍事裁判で被告とはならなかった。さらに新憲法下、天皇裕仁は、しばしば象徴天皇の地位を逸脱した。なかでもマッカーサー元帥に送った「天皇メッセージ」[1]（一九四七年九月二十日）は、今日、沖縄のひとびとが、戦後七十年も経つというのに、いまだに苦渋な生活を余儀なくされていることの遠因となった。

さらに、一九七五年十月三十一日、渡米直後の記者会見で、戦争責任についてどのように考えているかとの質問に対して、「そういう言葉のアヤについては、私はそういう文学方面はあまり研究もしていないのでよくわかりませんから、そういう問題についてはお答えが出来かねます[2]」と答えた。天皇の無責任な傍観者的な回答は、著者を激怒させた[3]。茨木のり子（一九二六―二〇〇六）は「四海波静」（「ユリイカ」一九七五年十一月号）で、天皇裕仁の言動を痛快に批判している。

注（1）『昭和天皇独白録　寺崎英成御用掛日記』文藝春秋、一九九一年、三三二頁。（2）『朝日新聞』一九七五年十一月一日付。（3）拙著、前掲『覇権国アメリカの対日経済政策』、三三二頁。

第Ⅲ部で指摘したように、ザカライアスと作戦計画1－45（機密一九四五年三月十九日）を立案したステファン・ポッソニーは、戦後国防総省コンサルタントとして、アイゼンハウアー米大統領の「アトムズ・フォー・ピース」の演説（国連総会一九五三年十二月八日）に貢献していた。日本は、この「アトムズ・フォー・ピース」の平和攻勢を受け入れ、原子力発電の方向に舵を切ったのである。繰り返しになるが、アメリカの対日・対世界のホワイト・プロパガンダの影響はまだ生きている、と言わざるを得ないのである。

＊＊＊

人生の最終楽章を迎え、戦争中の自分の経験を振り返り、なぜ昭和天皇（一九〇一－八九）が大元帥としての戦争指導の責任をとって退位しなかったかを自分なりに考えてみたいと思うようになった。

この度、私の博士論文『第二次世界大戦における象徴天皇利用政策（起源・展開・影響）―ラインバーガー博士とグルー元駐日大使を中心に―』（二〇一六年三月十八日）にもとづく『1942年アメリカの心理戦と象徴天皇制　ラインバーガーとジョゼフ・グルー』と題した書籍が出版されることになった。

二〇〇〇年三月、七〇歳で京都学園大学教授を定年退職後、直ちにシカゴ大学大学院修士課程に入学、マックス・ウェーバーの権威、マーチン・リースブロート教授の指導で、修士論文を提出し、修士号を授与された。その後、母校図書館でラインバーガー文書を見て興味を抱き、大学院博士後期課程に進学、さらに博士論文作成のため、加藤哲郎先生（早稲田大学客員教授、一橋大学名誉教授）の指導を受けるために、早稲田大学で二年間、情報政治学の講義を受けた。先生から「ラインバーガーは自分も読んでいるが、本格的に読んでいるのはあなただけだ」とお墨付きをいただいたことは、大変励みとなった。

家族ぐるみのお付き合いをさせていただいたリースブロート先生が、二〇一四年十二月六日、急逝され、夫人より連絡を受け大変なショックを受けた。ダラダラと研究を続けているのはよくないと考え、一橋大学社会学部中野聡先生に指導教授になっていただいた。先生からは、『ニューヨーク・タイムズ』紙に載ったグルー元駐日大使の言動をフォローするように言われ、私の研究で大変役立った。しかも、博士論文は、そのまま出版するものではないと言われ、ご多忙中にもかかわらず、校閲の労をとっていただいた。

二〇一九年の三月、教育評論社の編集者から私の博士論文を送付してほしいと電話をいただき大変驚いた。母校の博士論文の審査についての情報をご覧になったとのことであった。そして、編集で大変お世話になった。

私はアナログ人間で、家内がパソコンの講習会に通って助けてくれたが、腱鞘炎になったあとでは、桜美林大学大学院の学生さんに大変助けていただいた。

二〇一九年十二月

佐瀬隆夫

【主要参考文献】

＊本文や注に入っている文献を除く。

◎邦文（五十音順）

・朝日ソノラマ編集部編『マッカーサーの涙　ブルノー・ビッテル神父にきく』朝日ソノラマ、一九七三年。
・アメリカ学会訳編『原典アメリカ史　第六巻（現代アメリカと世界Ｉ）』岩波書店、一九八一年。
・粟屋憲太郎ほか編、岡田信弘訳『東京裁判資料　木戸幸一尋問調書』大月書店、一九八七年。
・粟屋憲太郎『東京裁判への道（上下）』講談社、二〇〇六年。
・ゲイリー・アレン、高橋良典訳『見えざる世界政府　ロックフェラー帝国の陰謀（1・2）』自由国民社、一九八四〜一九八六年。
・井上清『天皇の戦争責任（同時代ライブラリー55）』岩波書店、一九九一年。
・キョウコ・イノウエ著・監訳、古関彰一・五十嵐雅子訳『マッカーサーの日本国憲法』桐原書店、一九九四年。
・江口圭一『十五年戦争小史　新版』青木書店、二〇〇六年。
・ダニエル・エスチューリン、山田郁夫訳『ビルダーバーグ倶楽部　世界を支配する陰のグローバル政府』バジリコ、二〇〇六年。
・小倉和夫『吉田茂の自問　敗戦、そして報告書「日本外交の過誤」』藤原書店、二〇〇四年。
・奥崎謙三『ヤマザキ、天皇を撃て！』新泉社、一九八九年。
・Ｅ・バートレット・カー、大谷勲訳『東京大空襲　B29から見た三月十日の真実』光人社ＮＦ文庫、二〇〇一年。
・外務省編纂『日本外交年表並主要文書（下）』（オンデマンド版）原書房、二〇〇七年。
・加藤哲郎『汕頭市（貴嶼村）の現状からみる中国の経済発展と循環型社会構築への課題（信州ブックレット・シリーズ3）』信州大学イノベーション研究・支援センター、二〇一一年。
・ケント・Ｅ・カルダー、渡辺将人訳『日米同盟の静かなる危機』ウェッジ、二〇〇八年。
・北一輝『日本改造法案大綱』改造社、一九二三年。
・清瀬一郎『秘録東京裁判』中公文庫、一九八六年。
・アンドルー・ゴードン編、中村政則監訳『歴史としての戦後日本（上下）』みすず書房、二〇〇一年。
・アン・コールター、栗原百代訳『リベラルたちの背信　アメリカを誤らせた民主党の60年』草思社、二〇〇四年。
・ジェフリー・ゴーラー、福井七子訳『日本人の性格構造とプロパガンダ』ミネルヴァ書房、二〇一一年。
・ジョン・コールマン、歴史修正学会訳『三百人委員会　陰謀家たちの超権力構造』徳間書店、一九九五年。
・古関彰一『新憲法の誕生』中公文庫、一九九五年。
・小堀桂一郎編『東京裁判　日本の弁明』講談社学術文庫、一九九五年。

・早乙女勝元『東京大空襲　昭和20年3月10日の記録』岩波新書、一九七一年。
・榊原夏『マッカーサー元帥と昭和天皇』集英社新書、二〇〇〇年。
・ハワード・B・ショーンバーガー、宮崎章訳『占領1945〜1952　戦後日本をつくりあげた8人のアメリカ人』時事通信社、一九九四年。
・レナード・シルク、マーク・シルク、山岡清二訳『エスタブリッシュメント　アメリカを動かすエリート群像』TBSブリタニカ、一九八一年。
・進藤栄一「分割された領土　沖縄、千島、そして安保」『世界』一九七九年四月号。
・進藤榮一・下川辺元春編、『芦田均日記（全七巻）』岩波書店、一九八六〜一九八六年。
・ロナルド・タカキ、山岡洋一訳『アメリカはなぜ日本に原爆を投下したのか』草思社、一九九五年。
・豊下楢彦『安保条約の成立　吉田外交と天皇外交』岩波新書、一九九六年。
・豊下楢彦『昭和天皇・マッカーサー会見』岩波現代文庫、二〇〇八年。
・東京裁判ハンドブック編集委員会編『東京裁判ハンドブック』青木書店、一九八九年。
・中丸薫『日本が闇の権力に支配される日は近い』文芸社、一九九八年。
・中村薫・菅沼光弘『この国を支配／管理する者たち　諜報から見た闇の権力』徳間書店、二〇〇六年。
・中村政則『戦後史と象徴天皇』岩波書店、一九九二年。
・中村政則『戦後史』岩波新書、二〇〇五年。
・服部卓四郎『大東亜戦争全史』新装版、原書房、二〇〇七年。
・原武史『昭和天皇』岩波新書、二〇〇八年。
・原秀成『日本国憲法制定の系譜Ⅴ・Ⅲ』日本評論社、二〇〇六年。
・エレノア・M・ハドレー、パトリシア・ヘーガン・クワヤマ、ロバート・アラン・フェルドマン監訳『財閥解体　GHQエコノミストの回想』東洋経済新報社、二〇〇四年。
・ヒュー・バイアス、内山秀夫・増田修代訳『敵国日本　太平洋戦争時、アメリカは日本をどう見たか？』刀水書房、二〇〇一年。
・原武史・吉田裕編、『岩波　天皇・皇室辞典』岩波書店、二〇〇五年。
・日暮吉延『東京裁判』講談社現代新書、二〇〇八年。
・ジョン・アール・ヘインズ、ハーヴェイ・クレア、中西輝政監訳『ヴェノナ　解読されたソ連の暗号とスパイ活動』PHP研究所、二〇一〇年。
・細谷千博『両大戦間の日本外交　1914－1945』岩波書店、一九八八年。

・防衛庁防衛研究所戦史部監修、中尾祐次編『昭和天皇発言記録集成（上下）』芙蓉書房出版、二〇〇三年。
・J・F・マクマナス、湯浅慎一訳『見えざる政府CFR　ホワイトハウスを操る司令塔』太陽出版、一九九三年。
・升味準之輔『昭和天皇とその時代』山川出版社、一九九八年。
・松本重治『昭和史への一証言』たちばな出版、二〇〇一年。
・ヘレン・ミアーズ、伊藤延司訳『アメリカの鏡・日本』アイネックス、一九九五年。
・「山々の崩壊―ヒロヒトの死　天皇死去にあたってのアメリカ、カナダ、オーストラリア、ニュージーランド在住日本研究者17人の声明（1月7日）」『世界政治　論評と資料』一九八九年二月下。
・吉田茂『日本を決定した百年』日本経済新聞社、一九六七年。
・吉田茂『回想十年（全四巻）』中公文庫、一九九八年。
・吉田裕『アジア・太平洋戦争』岩波新書、二〇〇七年。
・読売新聞戦争責任検証委員会編著『検証　戦争責任（Ⅰ Ⅱ）』中央公論新社、二〇〇六年。

◎英文（アルファベット順）

・Acheson, Dean. *Present at the Creation, My Years in the State Department*, New York : W. W. Norton, 1969.
・Alperovitz, Gar. *The Decision to Use the Atomic Bomb,* New York : Vintage Books, 1996.
・Boyd, Care. *Hitler's Japanese Confidant,General Oshima Hiroshi and Magic Intelligence, 1941-1945,* Kansas : University Press of Kansas, 1993.
・Brzezinski, Zbigniew. *The Grand Chessboard, American Primacy and Its Geostrategic Imperatives,* New York : Basic Books, 1997.
・Calder, Kent E. *Pacific Alliance : Reviving U.S.-Japan Relations,* New Haven : Yale University Press, 2009.
・Dr. Coleman, John, *The Conspirators' Hierarchy : The Committee of 300,* Nevada : WIR A Division of Joseph Holding Corporation,1997.
・Coulter, Ann. *Treason,* New York : Three Rivers Press, 2003.
・Domhoff, G. Williams. The Higher Circles : *The Governing Class in America,* New York : Vintage Books, 1970.
・Dower, John W. *Embracing Defeat Japan in the Wake of World War II,* New York : W. W. Norton & Company, 1999.
・Dru, Philip. *Administration, A Story of Tomorrow 1920-1935,* New York : B. W. Huebsch, 1920.
・Dulles, John Foster. *War or Peace,* New York : The Macmillan Company, 1950.
・Fish, Hamilton. *Tragic Deception FDR & America's Involvement in World War II,* Connecticut : Delvin-Adair, 1983.
・Gayn, Mark. *Japan Diary,* New York : William Sloane Associates Inc. Publishers, 1948.

・Grose, Peter. *Continuing the Inquiry, the Council on Foreign Relations from 1921 to 1996,* New York : The Council on Foregn Relations, 1996..

・Josephson, Emanuel M.. *The Trust about Rockefeller* "Public Enemy No. 1" Studies in Criminal Psychopathy, New York : Chedney Press, 1964.

・MacArthur, Douglass. *Reminiscences,* Maryland : Naval Institute Press, 2001.

・McManus, John F.. *The Insiders, Architects of the New World Order,* Wisconsin : The John Birch Society, 1996.

・Nye, Joseph S. Jr.. *Bound to Lead, the Changing Nature of American Power,* New York : Basic Books, 1990.

・Nye, Joseph S. Jr.. *Soft Power, the Means to Success in World Politics,* New York : Public Affairs, 2004.

・Peterson, Peter G.. *The Education of an American Dreamer, How a Son of Greek Immigrants Learned His Way from a Nebraska Diner to Washington, Wall Street, and Beyond,* New York : Twelve, 2009.

・Petillo, Carol Morris. *Douglass MacArthur, the Philippine Years,* Indiana : Indiana University Press, 1981.

・Petillo, Carol Morris. *Douglas MacArthur and Manuel Quezon* : A Note on an Imperial Bond, " Pacific Historical Review" (February, 1979).

・Peroff, James. *The Shadows of Power ,the Council on Foreign Relations and the American Decline,* Wisconsin : Western Islands, 1992.

・Priest, Dana and William M. Arkin. *Top Secret America:*BACK BAY Books, New York,2012.

・Quigley, Carroll. *The Anglo-American Establishment from Rhodes to Cliveden,* New York : Books in Focus, 1981.

・Rockefeller, David. *Memoirs,* New York : Random House, 2002.

・Schroeder, Paul W.. *The Axis Alliance and Japanese-American Relations 1941,* New York : Cornell University Press, 1958.

・Silk, Leonard & Mark Silk, *The American Establishment,* New York : Basic Books, 1980.

・Shoup, Laurence H. and William Minter. *Imperial Brain Trust, The Council on Foreign Relations and United States Foreign Policy,* New York : Monthly Review Press, 1977.

・Stimson, Henry L.. "The Decision to use the Atomic Bomb" (*Harper's Magazine,* February, 1947.)

・Wilson, Woodrow. *The New Freedom, A Call for the Emancipation of the Generous Energies of a People,* New York : Doubleday, Page & Company, 1913.

・Zacharias, Ellis M.. "The A-Bomb was not needed," (United Nations World, 1949/8).

（著者略歴）

佐瀬隆夫（させ・たかお）

1929年12月24日、愛知県名古屋市生まれ。1953年、一橋大学経済学部卒業。第一銀行・第一勧業銀行勤務を経て、京都学園大学経済学部教授（1986-2000年）。シカゴ大学大学院MAPH-Japan取得。一橋大学大学院社会学研究科博士後期課程修了。博士（社会学）。日米関係研究センター代表、国際文化会館会員、日本金融学会会員、如水会終身会員。

著書に、『アメリカの国際通貨政策—ブレトン・ウッズ体制の回顧と展望』（1995年）、『現代のアメリカ経済—その光と影』（1996年）、『覇権国アメリカの対日経済政策 —日米関係 1945-2005年』（2005年）、以上、千倉書房。

訳書に、エーリッヒ・フロム『正気の社会』（共訳、『世界の名著（続14）』所収、中央公論社、1958年）、ロバート・キンズマン『スイス銀行のすべて』（日本経済新聞社、1978年）など。

論文に、「第二次世界大戦におけるアメリカの象徴天皇利用政策（起源・展開・影響）—ラインバーガー博士とグルー元駐日大使を中心に」など。

1942年アメリカの心理戦と象徴天皇制
ラインバーガーとジョゼフ・グルー

2019年12月24日 初版第1刷発行

著　者　佐瀬隆夫
発行者　阿部黄瀬
発行所　株式会社 教育評論社
〒103-0001
東京都中央区日本橋小伝馬町1-5 PMO日本橋江戸通
Tel. 03-3664-5851
Fax. 03-3664-5816
http://www.kyohyo.co.jp
印刷製本　萩原印刷株式会社

ISBN 978-4-86624-026-8